# Pasta & Co.

*Über 150 Rezepte für wahres Nudelglück*

# Inhalt

**6** Spaghetti & Co.
Reine Formsache

**8** Typisch italienisch
Die Basics der Pasta-Küche

**10** Step by Step
Die wichtigsten Küchentechniken
Tipps für Pasta-Klassiker

**14** Pasta-Salate
Von Farfalle-Salat mit Champignons
bis Penne-Salat mit Salsa verde

**42** Pasta für Eilige
Von Tagliatelle mit Spargel und Tomaten
bis Spaghetti mit Rucola und Chili

**74** Pasta mit Gemüse & Käse
Von Linguine mit Balsamico-Linsen
bis Casarecce mit Spinat-Pesto

**130** Pasta mit Fisch & Fleisch
Von Spaghetti mit Thunfisch und Minze
bis Pappardelle mit Entenragout

**200** Pasta gefüllt & aus dem Ofen
Von Ricotta-Ravioli mit Basilikum
bis Lasagne mit Gorgonzolasauce

**248** Nudeln asiatisch
Von Eiernudeln mit Tofu und Gemüse bis
Reisnudelsalat mit Garnelen und Mango

**276** Rezeptregister

# Spaghetti & Co.
## Reine Formsache

Nudeln oder Pasta, wie man in Italien sagt, gibt es in allen nur erdenklichen Variationen. Es ist zwar weiterhin strittig, ob die Nudeln in China oder in Italien erfunden wurden. Eindeutig fest steht aber, dass die Italiener die wahren Spezialisten in Sachen Pasta sind: Ob Muscheln, Hörnchen, Öhrchen oder Schnecken – es gibt kaum eine hübsche Form, die sie nicht in Gestalt einer Nudel verewigt hätten. Es soll mehr als 300 verschiedene Pasta-Sorten geben, die auf dem Stiefel angeboten werden. Und jede Region hat ihre eigenen Favoriten: etwa Tagliatelle in der Emilia-Romagna, Pappardelle in der Toskana und Orecchiette am Stiefelabsatz in Apulien. Bei dieser Fülle verwundert es nicht, dass die Frage »Welche Pasta-Sorte passt am besten zu welcher Sauce?« beinahe schon eine Wissenschaft für sich ist. Als Faustregel gilt: je schwerer die Sauce, desto breiter die Nudeln. So sind z. B. bei dunklen Fleischsaucen breite Bandnudeln wie Pappardelle die idealen Begleiter. Auch kurze Nudeln wie Penne oder Rigatoni passen gut zu gehaltvolleren Saucenvarianten mit Fleisch oder Gemüse. Die »Langen«, Makkaroni und Spaghetti, kann man mit fast allen Saucen kombinieren – unübertroffen sind sie mit aromatischen Kräuter- und Tomatensaucen.

**PAPPARDELLE** (links) stammen aus der Toskana und sind unter den verschiedenen flachen Bandnudeln die breitesten. Sie werden häufig mit gehaltvollen Ragouts serviert.

1 **SPAGHETTI** heißen wörtlich übersetzt »Bindfäden«. Es gibt sie in unterschiedlichen Durchmessern und Längen (Mindestlänge 30 cm). Dünnere Spaghetti werden als Vermicelli, Spaghettini oder Capellini bezeichnet.

2 **LASAGNEBLÄTTER** gibt es als Fertigprodukt aus Hartweizen (auch mit Spinat grün gefärbt) im Handel. Bei Zubereitungszeiten unter 30 Minuten oder bei Verwendung von wenig Sauce empfiehlt es sich, die Nudeln einige Minuten vorzugaren.

3 **FUSILLI** sehen aus wie kleine Korkenzieher. In Deutschland sind von den verschiedenen Varianten noch die Fusilli bucati bekannt, die innen hohl sind. Alle Fusilli können dank ihrer Form Saucen gut aufnehmen.

4 **TAGLIATELLE** sind die klassischen Teigwaren aus der Gegend um Parma. Die flachen Bandnudeln sind schmaler als Pappardelle und werden oft mit Spinat oder Tomatenmark gefärbt und zu Nestern geformt angeboten.

5 **ROTELLE** finden häufig als Suppeneinlage Verwendung, schmecken aber auch als Salat. Die Nudeln in Form von Wagenrädern werden in unterschiedlichen Größen angeboten.

6 **TORTELLINI** zählen zu den Klassikern unter den gefüllten Nudeln. Es gibt sie mit vegetarischer oder Fleischfüllung. Sie passen bestens zu Würzbutter, aber auch zu cremigen Saucen. Zudem sind sie ideal zum Überbacken.

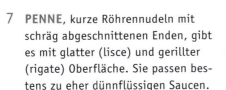

7 **PENNE**, kurze Röhrennudeln mit schräg abgeschnittenen Enden, gibt es mit glatter (lisce) und gerillter (rigate) Oberfläche. Sie passen bestens zu eher dünnflüssigen Saucen.

**CANNELLONI** kann man wie Lasagneblätter fertig kaufen. Die Nudelröhren werden ohne Vorkochen gefüllt, mit Sauce übergossen und dann überbacken.

**CONCHIGLIE** sind Nudeln in Muschelform. Die kleinen nehmen sehr gut Saucen auf, die großen eignen sich vorzüglich zum Füllen und Überbacken.

**FARFALLE** werden wegen ihrer Form auch Schmetterlingsnudeln genannt. Kleine Farfalline sind eine prima Suppeneinlage.

**LINGUINE** und **TRENETTE** sehen fast aus wie Spaghetti, sind aber nicht rund, sondern leicht flach gedrückt.

**MAKKARONI**, lange, röhrenförmige Nudeln, werden in Italien vor dem Kochen durchgebrochen, da sie sich in ganzer Länge nur schwer essen lassen.

**ORECCHIETTE** verdanken ihren Namen ihrer Form – sie sehen aus wie kleine Öhrchen. Der Ursprung dieser immer beliebter werdenden Nudeln liegt in Apulien.

**RAVIOLI**, gefüllte Teigtäschchen, kann man frisch oder getrocknet kaufen. Selbst gemacht schmecken sie natürlich am besten. Tipp: Dosenprodukte meiden!

**RIGATONI** und **TORTIGLIONI** nennt man kurze, dicke Röhrennudeln mit gerillter Oberfläche. Sie haben gerade Enden und einen größeren Durchmesser als Penne.

# Typisch italienisch
# Die Basics der Pasta-Küche

Denkt man an Italien, dann unweigerlich auch an Pasta in tausend Variationen. Dabei spiegelt die Pasta-Küche nur einen Bruchteil der unendlich raffinierten »cucina italiana« wider. Warum sich gerade die Nudelgerichte bei uns einen solch guten Namen gemacht haben, ist einfach zu erklären: Erstens ist Pasta zu kochen keine allzu große Kunst, und zweitens reichen oft nur einige wenige frische Zutaten aus, um die Pasta so schmecken zu lassen wie im letzten Italienurlaub oder beim Stamm-Italiener um die Ecke. In der Einfachheit der Rezepte und der Qualität der Zutaten liegt also das Geheimnis, dass Pesto, Sugo und Sauce quasi original gelingen. Ursprünglich wurde in Italien mit Nudeln alles kombiniert, was der jeweilige Landstrich zu bieten hatte: im Norden reichlich Milchprodukte (Milch, Sahne und Käse), Fleisch und Schinken, im Süden viel Gemüse und Hülsenfrüchte, an den Küsten Fisch und Meeresfrüchte. Mit Kräutern wird in Italien nirgendwo gespart, auch nicht mit Olivenöl. Eingelegte würzige Zutaten wie Oliven, Kapern, Sardellen, getrocknete Tomaten oder scharfe Peperoni sorgen für reichlich Aroma und werden deshalb gern verwendet. Und das i-Tüpfelchen auf (fast) jedem Nudelgericht ist frisch geriebener oder gehobelter Parmesan oder Pecorino.

1

**TOMATEN** (links) sind die Basis vieler Saucen. Ob Fleisch-, Strauch- oder Eiertomaten ist dabei nur eine Frage des Geschmacks. Tomaten sollten nie im Kühlschrank aufbewahrt werden, die Kälte schadet ihrem Geschmack. Im Winter empfiehlt es sich, Dosentomaten zu verwenden.

1 **BASILIKUM** fehlt in fast keinem Pasta-Gericht. Das Pesto-Kraut schmeckt frisch-würzig und wird klein geschnitten in Saucen nur kurz mitgegart, da es sonst sein intensives Aroma verliert.

2 **PARMESAN** ist ein lange gereifter, würziger Hartkäse aus der Emilia-Romagna. Er sollte möglichst frisch gerieben verwendet werden: Nur dann hat er einen zarten Schmelz.

3 **OLIVENÖL** ist in der Pasta-Küche ein echtes Muss. Die besten, kalt gepressten Öle erkennt man beim Einkauf an der Bezeichnung »Extra Vergine« bzw. »Nativ Extra«.

4 **SALAMI** wird in unterschiedlichen Varianten in ganz Italien hergestellt. Ob grob oder fein, luftgetrocknet oder geräuchert, mit Knoblauch-, Pfeffer- oder Peperoniwürze: Salami passt vor allem zu rustikalen Pasta-Gerichten.

5 **PEPERONI** enthalten den »Scharfmacher« Capsaicin, der hauptsächlich in den Kernen und den inneren Rippen sitzt. Diese werden deshalb meist entfernt. Wie scharf die Schoten sind, sieht man ihnen von außen leider nicht an. Daher vorsichtig dosieren!

6 **RICOTTA** ist ein milder Frischkäse, der als Nebenprodukt bei der Käseherstellung anfällt. Neben dem frischen, salzlosen Käse gibt es auch gesalzene, geräucherte und gereifte Sorten.

7 **GETROCKNETE TOMATEN** haben das konzentrierte Aroma, das Tomaten aus dem Supermarkt meist fehlt. Sie würzen fade Gerichte und sorgen als Pesto für Furore in der Pasta-Küche.

**ACETO BALSAMICO**, auch Balsamessig genannt, wird rund um Modena aus bestem Weißwein gewonnen. Er reift drei Jahre in speziellen Holzfässern – daher seine Farbe und der würzige Geschmack. Immer beliebter wird der milde weiße Balsamessig.

**GORGONZOLA**, die italienische Version des Blauschimmelkäses, wird in unterschiedlichen Reifegraden angeboten: von jung (mild) bis alt (sehr würzig). Es gibt ihn auch – besonders cremig – mit Mascarpone gemischt.

**KAPERN**, die fermentierten Blütenknospen des Kapernstrauchs, werden in Essig, Öl oder Salzlake eingelegt und schmecken dadurch herb-würzig.

**KNOBLAUCH** ist aus der südländischen Küche nicht wegzudenken. Besonders gut und intensiv schmecken die ganz frischen Knollen.

**PARMASCHINKEN** wird nicht geräuchert, sondern mit Meersalz eingerieben und dann gekühlt etwa zwölf Monate luftgetrocknet. Hauchdünn aufgeschnitten, entfaltet der Parmaschinken sein Aroma am besten.

**SALBEI**, eine Würz- und Heilpflanze, die im ganzen Mittelmeerraum verbreitet ist, hat einen sehr intensiven und leicht bitteren Geschmack. Deshalb behutsam dosieren!

# Step by Step
## Die wichtigsten Küchentechniken

Das Angebot an fertigen Teigwaren ist riesig, doch echte Pasta-Fans wissen: Selbst gemachte Nudeln schmecken einfach am besten. Das ist zwar mit einigem Aufwand verbunden, doch die Mühe lohnt sich! Bei der Zubereitung von Nudelteig ist die Qualität des Mehls das A und O. Pasta-Profis verwenden daher Farina di semola fine (gibt es in italienischen Feinkostläden) oder ein anderes griffiges Mehl wie Wiener Griessler. Wer kernige Nudeln bevorzugt, mischt Mehl mit Hartweizengrieß. Pasta-Teig muss immer möglichst dünn ausgerollt werden. Früher geschah dies mit Nudelrolle und Muskelkraft; heute überlässt man diese Arbeit meist der Nudelmaschine. Damit die Nudeln dann »al dente«, also bissfest, auf den Tisch kommen, ist nicht nur die exakte Garzeit, sondern auch reichlich Wasser nötig. Pasta will schwimmen: Man rechnet etwa 1 l Wasser pro 100 g Teigwaren. Ein Schuss Öl im Kochwasser verhindert bei selbst gemachter Pasta das Überkochen. Es gibt auch einen Trick, wie man vermeiden kann, dass die Nudeln zusammenkleben: Bevor man die Pasta in ein Sieb abgießt, einfach 3 EL Kochwasser abnehmen und dann wieder unter die abgetropften Nudeln mischen. Für eine raffinierte Basiswürze geben Profis gern noch 1 EL Balsamico bianco zum Kochwasser. Kalt abschrecken sollte man gegarte Nudeln nur, wenn man sie für Salat verwenden möchte. Durch das Abschrecken wird der Stärkefilm zerstört, der dafür sorgt, dass die Sauce besser an der Nudeloberfläche haftet.

### Nudelteig zubereiten

1 Je 200 g Mehl (Type 405) und Hartweizengrieß oder 400 g Mehl mit ½ TL Salz auf der Arbeitsfläche vermischen.

2 In die Mitte des Mehls eine breite Mulde drücken. 4 Eier aufschlagen und in die Mulde geben, 1 EL Olivenöl hinzufügen.

3 Mit der Gabel die Eier verquirlen, dabei etwas Mehl vom Rand untermischen. Eventuell etwas Wasser dazugeben.

4 Mit den Handballen von außen nach innen so lange kräftig durchkneten, bis ein glatter, formbarer Teig entsteht.

5 Der Teig ist optimal, wenn er sich leicht von der Arbeitsfläche löst und die Oberfläche zart glänzt.

6 Den Teig zu einer Kugel formen, mit einem Küchentuch zudecken oder in Frischhaltefolie wickeln und 30 Minuten ruhen lassen.

## Nudelteig in Form bringen

1 Auf der bemehlten Arbeitsfläche die Teigkugel von der Mitte aus mit dem Nudelholz dünn ausrollen.

2 Mit der Nudelmaschine die Walzenstärke von Mal zu Mal verringern, bis die gewünschte Teigdicke erreicht ist.

3 Die dünnen Teigplatten mit etwas Mehl bestäuben und (eventuell auf einem Küchentuch) kurz antrocknen lassen.

4 Mit dem entsprechenden Vorsatz für die Nudelmaschine oder mit einem scharfen Messer beliebig breite Bandnudeln schneiden.

5 Für Ravioli die Teigplatte zur Hälfte mit Füllung belegen und die zweite Teighälfte darüberklappen.

6 Den Teig um die Füllungen herum andrücken, die Ravioli ausschneiden und die Ränder mit einer Gabel verschließen.

## Pasta richtig kochen

1 Pro 100 g Pasta etwa 1 l Wasser in einem großen Topf zum Kochen bringen.

2 Dann pro Liter Wasser 1 leicht gehäuften TL Salz hinzufügen und die Nudeln hineingeben.

3 Beim Garen ab und zu umrühren, damit die Teigwaren nicht aneinanderkleben.

4 Die auf der Packung angegebene Garzeit beachten und Garproben machen.

5 Sobald sie bissfest sind, die Nudeln in ein Sieb abgießen und abtropfen lassen.

6 Die Nudeln sofort mit der gewünschten Sauce mischen oder in Butter schwenken.

# Tipps für Pasta-Klassiker

## Lasagne mit Sauce bolognese zubereiten

1 In einer großen Pfanne in 2 EL Öl 250 g gemischtes Hackfleisch anbraten. Je 150 g Staudensellerie- und Möhrenwürfel, 2 EL Zwiebel- und 2 TL Knoblauchwürfel mitbraten.

2 Dann 2 EL Tomatenmark, 400 g Dosentomaten samt Saft und 50 ml Rotwein unterrühren. Mit Salz und Pfeffer würzen und etwa 20 Minuten sämig einkochen lassen.

3 Den Backofen auf 200 °C vorheizen. Eine Auflaufform einfetten. Für die Béchamelsauce 3 EL Butter zerlassen, 3 EL Mehl unterrühren und kurz anschwitzen.

4 Nach und nach unter Rühren ½ l Milch dazugießen. Die Sauce etwa 5 Minuten köcheln lassen, mit Salz, Pfeffer und frisch geriebener Muskatnuss würzen.

5 Etwa 3 EL Béchamelsauce in die Form geben und mit Lasagneblättern belegen. Abwechselnd Hackfleisch-, Béchamelsauce und 200 g Lasagneblätter einschichten.

6 Mit 125 g Mozzarellascheiben belegen, 80 g geriebenen Parmesan und 2 EL Butter in Flöckchen darübergeben. Im Backofen etwa 40 Minuten goldbraun überbacken.

## Basilikum-Pesto zubereiten

1 Zwei Bund Basilikum waschen, trocken schütteln und die Blätter abzupfen. 2 Knoblauchzehen schälen und in feine Würfel schneiden.

2 In einer beschichteten Pfanne 3 EL Pinienkerne ohne Fett leicht anrösten. Mit Basilikum und Knoblauch im Mörser zu einer cremigen Paste verarbeiten.

3 Die Zutaten kann man auch im Blitzhacker oder mit dem Stabmixer pürieren. Mit 50 g geriebenem Parmesan und 8 EL Olivenöl zu einer glatten Sauce verrühren.

4 Das Pesto mit Pfeffer, Salz und nach Belieben etwas Zitronensaft würzen. Zum Aufbewahren in ein Weckglas geben und mit etwas Olivenöl bedeckt kühl stellen.

## Makkaroni-Auflauf zubereiten

1 Zwei EL Zwiebel- und 2 TL Knoblauchwürfel in 3 EL Butter andünsten. 3 EL Mehl dazugeben und kurz anschwitzen. Nach und nach 400 ml Milch unterrühren.

2 In der Sauce 150 g zerbröckelten Gorgonzola unter Rühren schmelzen. Den Topf vom Herd nehmen, 2 verquirlte Eier in die Sauce rühren. Mit Salz und Pfeffer würzen.

3 Eine runde Auflaufform einfetten. 350 g bissfest gegarte Makkaroni, 4 EL gehackte Petersilie und 300 g Zucchiniwürfel in der Form verteilen.

4 Die Sauce darübergießen. 50 g zerbröckelten Gorgonzola, 2 EL Paniermehl und 1 ½ EL Butterflöckchen darübergeben. Im Backofen 30 Minuten goldbraun überbacken.

## Cannelloni füllen

1 Cannelloni müssen bei längerer Garzeit nicht vorgekocht werden. Eine nicht zu grobe Füllung in einen Spritzbeutel geben und vorsichtig in die Cannelloni spritzen.

2 Bei kürzeren Garzeiten oder bereits vorgegarten Füllungen die Cannelloni vorkochen (am besten 1 EL Öl ins Nudelwasser geben) und dann kalt abschrecken.

# Gut zu wissen

**Frische Pasta herzustellen** ist gar nicht schwierig. Wichtig sind vor allem große, saubere Arbeitsflächen zum Ausrollen des Teigs und zum Ablegen der fertigen Nudeln. Es lohnt sich, gleich größere Mengen herzustellen, denn Nudeln kann man auf einem mit Grieß bestreuten Blech prima einfrieren. Zur längeren Aufbewahrung im Tiefkühlfach die Nudeln in Behälter umfüllen und bei Bedarf portionsweise auftauen.
**Verfeinert werden kann Pasta-Teig** durch aromatisierte Öle (z. B. Steinpilzöl), Gewürze wie Safran und Ingwer oder gehackte Kräuter. Auch im Kochwasser geben Kräuter und Gewürze den Nudeln ein Plus an Geschmack.

**Optisch aufgepeppt wird die Pasta** durch etwas Farbe. Mit Rote-Bete-Saft können Sie Nudeln leuchtend rot färben, mit pürierten Kräutern oder Spinat grün. Bei Fischgerichten sorgt Sepiatinte für eine tiefschwarze Farbe. Wichtig: Immer nur geringe Mengen verwenden (1 bis 2 EL), damit der Teig seine Konsistenz behält.
**Kaufen kann man frische Nudeln** mittlerweile sogar im Supermarkt. Besser sind die Produkte aus den Feinkostabteilungen der Kaufhäuser oder aus der eigenen Herstellung italienischer Lebensmittelläden. Dort findet man mit ein bisschen Glück auch extravagante Sorten wie Trüffel-Ravioli oder Rotwein-Bandnudeln.

# Pasta-Salate

# Spaghetti-Salat
## mit Kräuter-Sahne-Sauce

*Der ideale Sommersnack: Von diesem pikanten Salat mit vielen frischen Kräutern können Pasta-Fans garantiert nicht genug bekommen*

## Zutaten

250 g Spaghetti
Salz
2 Schalotten
1 Bund Estragon
1 Bund Dill
1 Bund Schnittlauch
2 Knoblauchzehen
1 kleine unbehandelte Orange
200 g saure Sahne
2 EL Zitronensaft
2 EL Olivenöl
Pfeffer aus der Mühle
1 Msp. Cayennepfeffer

## Zubereitung
### FÜR 4 PERSONEN

1. Die Spaghetti nach Packungsanweisung in reichlich kochendem Salzwasser bissfest garen. In ein Sieb abgießen, kalt abschrecken und abtropfen lassen.

2. Die Schalotten schälen und in feine Würfel schneiden. Die Kräuter waschen und trocken schütteln. Einige Estragonzweige für die Deko beiseitelegen, von den restlichen Zweigen die Blätter abzupfen. Die Dillspitzen ebenfalls abzupfen und mit dem Estragon fein hacken. Den Schnittlauch – bis auf etwa 6 Halme – in feine Röllchen schneiden.

3. Den Knoblauch schälen und in feine Würfel schneiden. Die Orange heiß waschen und trocken reiben. Die Hälfte der Schale mit dem Zestenreißer abschälen. Die Orange auspressen und den Saft in einer großen Schüssel mit Knoblauch, saurer Sahne, Zitronensaft, Öl, Salz, Pfeffer und Cayennepfeffer zu einem Dressing verrühren.

4. Gehackten Dill und Estragon mit den Schnittlauchröllchen und den Schalottenwürfeln unter das Dressing rühren.

5. Die Spaghetti dazugeben, mit dem Dressing mischen und etwa 15 Minuten durchziehen lassen. Den Salat auf einer Platte anrichten und mit den restlichen Kräutern und den Orangenzesten garnieren.

## Tipp

Wer keinen Zestenreißer hat, kann die unbehandelte Orange auch dünn abschälen und anschließend die Schalenstücke mit einem Küchenmesser in feine Streifen schneiden.

# Spaghetti-Salat
## mit würziger Vinaigrette

*Kulinarisches Gipfeltreffen: Exotische Würze und die klassischen Aromen der Mittelmeerküche geben diesem Salat das gewisse Etwas*

## Zutaten

600 g Tomaten

1 grüne Chilischote

1 Bund Koriander

2 Limetten
(davon 1 unbehandelt)

5 Knoblauchzehen

2–3 EL Olivenöl

16 grüne Oliven
(ohne Stein)

Salz · Pfeffer aus der Mühle

250 g Spaghetti

## Zubereitung
### FÜR 4 PERSONEN

1. Die Tomaten überbrühen, häuten, vierteln, entkernen und in Würfel schneiden. Die Chilischote längs halbieren, entkernen, waschen und in feine Streifen schneiden.

2. Den Koriander waschen, trocken schütteln und die Blätter abzupfen. Einige Blätter für die Deko beiseitelegen, den Rest fein hacken. Die unbehandelte Limette heiß waschen, trocken reiben und in Stücke schneiden. Die restliche Limette auspressen. Den Knoblauch schälen und in feine Würfel schneiden.

3. Für die Vinaigrette 3 EL Limettensaft mit Öl, Chili, gehacktem Koriander und Knoblauch verrühren. Die Tomatenwürfel und die abgetropften Oliven untermischen. Mit Salz und Pfeffer würzen und 30 Minuten durchziehen lassen.

4. Die Spaghetti nach Packungsanweisung in reichlich kochendem Salzwasser bissfest garen. In ein Sieb abgießen, kalt abschrecken, abtropfen lassen und mit der Vinaigrette mischen. Mit den Korianderblättern, den Limettenstücken und nach Belieben mit kleinen grünen Chilischoten anrichten.

## Tipp

Hat man größere Mengen Knoblauch zu schälen, kann man die Zehen mit heißem Wasser übergießen und kurz ziehen lassen. Sie lassen sich dann ganz leicht aus den Schalen drücken.

# Penne-Salat mit Schafskäse

## Zutaten

250 g Penne · Salz

je 3 EL Weißweinessig und Orangensaft

5 EL Olivenöl

2 Knoblauchzehen

75 g eingelegte grüne Peperoni

2 Sardellenfilets (in Öl)

Pfeffer aus der Mühle

1 Msp. gemahlener Kreuzkümmel

je 60 g schwarze und grüne Oliven (ohne Stein)

1 rote Paprikaschote

1 Bund Petersilie

200 g Schafskäse (Feta)

## Zubereitung
### FÜR 4 PERSONEN

1 Die Penne nach Packungsanweisung in reichlich kochendem Salzwasser bissfest garen. Abgießen, kalt abschrecken und abtropfen lassen.

2 Für die Vinaigrette Essig, Orangensaft und Öl verrühren. Den Knoblauch schälen und in feine Würfel schneiden. Die Peperoni abtropfen lassen. Die Sardellenfilets trocken tupfen, mit 1 Peperoni fein hacken und unter die Vinaigrette rühren. Mit Salz, Pfeffer und Kreuzkümmel würzen.

3 Die Oliven abtropfen lassen. Die Paprikaschote längs halbieren, entkernen, waschen und in Würfel schneiden. Die Petersilie waschen und trocken schütteln, die Blätter abzupfen und fein hacken. Den Schafskäse in Würfel schneiden oder grob zerbröckeln.

4 Die Penne in einer großen Schüssel mit der Vinaigrette mischen. Die Oliven, die restlichen Peperoni, die Paprikawürfel und den Feta unterheben. Den Penne-Salat etwa 30 Minuten durchziehen lassen und mit Petersilie bestreut servieren.

# Farfalle-Salat
## mit Champignons

### Zutaten

250 g Farfalle · Salz
je 1 rote und gelbe Paprikaschote
2 Stangen Staudensellerie
150 g Champignons
150 g Thunfisch (aus der Dose;
in Öl) · 4 EL Weißweinessig
1 TL Dijon-Senf · 5 EL Öl
Pfeffer aus der Mühle
1–2 Knoblauchzehen
2 hart gekochte Eier
1 EL eingelegte Kapern
1 EL gehackte Petersilie
je 1 EL schwarze und
grüne Oliven (ohne Stein)

### Zubereitung
FÜR 4 PERSONEN

1 Die Farfalle nach Packungsanweisung in reichlich kochendem Salzwasser bissfest garen. Abgießen, kalt abschrecken und abtropfen lassen.

2 Die Paprikaschoten längs halbieren, entkernen, waschen und in Streifen schneiden. Den Sellerie putzen, waschen und in Scheiben schneiden. Die Champignons putzen, mit Küchenpapier trocken abreiben und je nach Größe halbieren oder vierteln. Den Thunfisch abtropfen lassen und mit einer Gabel grob zerteilen.

3 Für die Vinaigrette Essig, Senf, Öl, Salz und Pfeffer verrühren. Den Knoblauch schälen, in feine Würfel schneiden und dazugeben. Die Eier pellen und hacken. Eier, Kapern und Petersilie unter die Vinaigrette rühren.

4 Die Oliven in feine Ringe schneiden. Farfalle, Champignons, Paprika, Sellerie, Oliven und Thunfisch in einer großen Schüssel mit der Vinaigrette mischen. Den Salat vor dem Servieren etwa 30 Minuten durchziehen lassen.

# Penne-Salat
## mit Salsa verde

*In bester Begleitung: Salsa verde, die grüne Sauce aus Italien, ist zwar nicht so bekannt wie Pesto, aber nicht minder aromatisch*

## Zutaten

250 g Penne · Salz
1 Bund Schnittlauch
1 Bund Basilikum
1 Bund Petersilie
je einige Zweige Oregano und Thymian
2 Knoblauchzehen
3 EL Aceto balsamico
4 EL Olivenöl
1 TL mittelscharfer Senf
Pfeffer aus der Mühle

## Zubereitung

FÜR 4 PERSONEN

1 Die Penne nach Packungsanweisung in reichlich kochendem Salzwasser bissfest garen. Abgießen, kalt abschrecken und abtropfen lassen.

2 Den Schnittlauch waschen, trocken schütteln und in feine Röllchen schneiden. Basilikum, Petersilie, Oregano und Thymian waschen und trocken schütteln, die Blätter bzw. Nadeln abzupfen. Einige Blätter bzw. Nadeln für die Deko beiseitelegen, den Rest fein hacken.

3 Den Knoblauch schälen und in feine Würfel schneiden. In einer großen Schüssel den Aceto balsamico mit Öl, Senf, Knoblauch, Salz und Pfeffer zu einer Vinaigrette verrühren.

4 Die gehackten Kräuter ebenfalls unter die Vinaigrette rühren. Nochmals mit Salz und Pfeffer abschmecken.

5 Die Penne in die Schüssel geben, mit der Kräuter-Vinaigrette mischen und etwa 15 Minuten durchziehen lassen. Mit den restlichen Kräutern garniert servieren.

## Tipp

Das Aroma von frischen Kräutern kann sich am besten entfalten, wenn man sie mit einem scharfen Messer schneidet. Beim Zerkleinern mit dem Wiegemesser werden die Blätter eher zerquetscht.

# Fusilli-Salat
## mit Radicchio und Salami

*Das schmeckt nach Urlaub: Diese raffinierte Pasta-Kreation mit Radicchio, Salami und Mozzarella ist der Hit auf jeder Sommerparty*

### Zutaten

250 g Fusilli bucati · Salz

100 g Salami (in Scheiben)

6 eingelegte grüne Peperoni

4 Stangen Staudensellerie (mit Grün)

1 Kopf Radicchio

1 Kugel Mozzarella (125 g)

1 Zwiebel

100 g schwarze Oliven (ohne Stein)

2 Knoblauchzehen

4 EL Weißweinessig

5 EL Olivenöl

Pfeffer aus der Mühle

### Zubereitung
FÜR 4 PERSONEN

1 Die Fusilli nach Packungsanweisung in reichlich kochendem Salzwasser bissfest garen. In ein Sieb abgießen, kalt abschrecken und abtropfen lassen.

2 Die Salami in feine Streifen schneiden. Die Peperoni trocken tupfen und in Ringe schneiden. Den Sellerie putzen und waschen. Das Grün für die Deko beiseitelegen, die Selleriestangen in Scheiben schneiden.

3 Den Radicchio putzen, in einzelne Blätter teilen, waschen und trocken schleudern. Den Mozzarella in Würfel schneiden. Die Zwiebel schälen und in feine Würfel schneiden. Die Oliven abtropfen lassen.

4 Den Knoblauch schälen und in feine Würfel schneiden. Mit Essig, Öl, Salz und Pfeffer in einer großen Schüssel zu einer Vinaigrette verrühren.

5 Die Salamistreifen, die Peperoniringe, die Selleriescheiben, die Zwiebelwürfel, die Oliven und die Hälfte der Mozzarellawürfel mit den Nudeln zu der Vinaigrette in die Schüssel geben und alles gut mischen.

6 Den Salat mit den Radicchioblättern und dem Selleriegrün anrichten und mit den restlichen Mozzarellawürfeln bestreuen.

### Tipp

Radicchio ist wegen seines leicht bitteren Geschmacks nicht jedermanns Sache. Die Blätter verlieren jedoch ihre Bitterstoffe, wenn man sie vor der Verwendung kurz in warmes Wasser legt.

# Lauwarmer Fusilli-Salat
## mit Hähnchen und Paprika

*Einfach zum Aufgabeln: Mit Oliven, Paprika, Kräutern und kurzen, bunten Nudeln wird dieser Salat zu einem farbenfrohen Sattmacher*

### Zutaten

250 g bunte Fusilli · Salz

2 Hähnchenbrustfilets

(à 200–250 g)

Pfeffer aus der Mühle

2 EL Butterschmalz

1 große rote Paprikaschote

1 rote Zwiebel

60 g schwarze Oliven

(ohne Stein)

6 EL Olivenöl

2 EL Aceto balsamico

2–3 EL gehacktes Basilikum

### Zubereitung
FÜR 4 PERSONEN

1 Die Fusilli nach Packungsanweisung in reichlich kochendem Salzwasser bissfest garen. Abgießen, kalt abschrecken und abtropfen lassen.

2 Die Hähnchenbrustfilets waschen, trocken tupfen und in mundgerechte Würfel schneiden. Mit Salz und Pfeffer würzen. Das Butterschmalz in einer Pfanne erhitzen, das Fleisch darin bei schwacher Hitze etwa 6 Minuten rundum goldbraun braten.

3 Die Paprikaschote längs halbieren, entkernen, waschen und in Würfel schneiden. Die Zwiebel schälen und in feine Würfel schneiden. Oliven abtropfen lassen und in Scheiben schneiden.

4 Das Öl in einer Pfanne erhitzen und die Paprikawürfel darin kurz schwenken. Mit Aceto balsamico, Salz und Pfeffer würzen. Die Paprika und die Oliven in einer großen Schüssel mit den Fusilli mischen. Das Hähnchenfleisch dazugeben, das Basilikum untermischen und den Salat sofort servieren.

### Tipp

Lust auf Käse? Dann mischen Sie für eine zusätzliche italienische Note noch Mozzarellawürfel unter den warmen Salat. Die Käsewürfel beginnen dann zu schmelzen und werden wunderbar zart.

# Fusilli-Salat
## mit Kichererbsen

### Zutaten

250 g Fusilli bucati · Salz

1 grüne Chilischote

2 rote Paprikaschoten

1 Zwiebel

80 g Kichererbsen (aus der Dose)

½ Bund Salbei

1 EL Butterschmalz

Pfeffer aus der Mühle

⅛ l trockener Weißwein

2 EL Weißweinessig

4 EL Olivenöl

1 EL gehackte Petersilie

### Zubereitung
#### FÜR 4 PERSONEN

1 Die Fusilli nach Packungsanweisung in reichlich kochendem Salzwasser bissfest garen. In ein Sieb abgießen, dabei etwas Kochwasser auffangen. Die Fusilli kalt abschrecken und abtropfen lassen.

2 Die Chili- und Paprikaschoten längs halbieren, entkernen und waschen. Die Paprikaschoten in etwa 1 cm große, die Chilischote in feine Würfel schneiden. Die Zwiebel schälen und ebenfalls in feine Würfel schneiden. Die Kichererbsen abbrausen und abtropfen lassen. Den Salbei waschen und trocken schütteln, die Blätter abzupfen und in Streifen schneiden.

3 Das Butterschmalz in einer Pfanne erhitzen und die Zwiebelwürfel darin andünsten. Chili und Paprika dazugeben, ebenfalls andünsten und mit Salz und Pfeffer würzen. Den Wein hinzufügen und offen köcheln lassen, bis die Flüssigkeit verdampft ist. Den Salbei und die Kichererbsen unterrühren.

4 Essig, Nudelwasser, Öl, Salz und Pfeffer verrühren. Die Zutaten in einer großen Schüssel mit der Vinaigrette mischen und den Salat mit Petersilie bestreut servieren.

# Rotelle-Salat
## mit Avocado und Radieschen

### Zutaten

250 g Rotelle · Salz

1 reife Avocado

Saft von 2 Zitronen

1 Zucchino

200 g gelbe Cocktailtomaten

½ Bund Radieschen

je 30 g Feldsalat und Rucola

1 Granatapfel

6 EL Olivenöl

Pfeffer aus der Mühle

Zucker

### Zubereitung
#### FÜR 4 PERSONEN

1 Die Rotelle nach Packungsanweisung in reichlich kochendem Salzwasser bissfest garen. Abgießen, kalt abschrecken und abtropfen lassen.

2 Die Avocado längs halbieren und den Kern entfernen. Die Avocadohälften schälen, in dünne Spalten schneiden und mit etwas Zitronensaft beträufeln. Den Zucchino putzen, waschen und in feine Scheiben schneiden oder hobeln.

3 Die Cocktailtomaten waschen und halbieren. Die Radieschen putzen, waschen und in feine Scheiben schneiden. Feldsalat und Rucola verlesen, waschen und trocken schütteln, die groben Rucolastiele entfernen. Den Granatapfel mit sanftem Druck über die Arbeitsfläche rollen, halbieren und die Kerne auslösen.

4 Für die Vinaigrette den restlichen Zitronensaft mit Öl, Salz, Pfeffer und 1 Prise Zucker verrühren. Alle Zutaten – bis auf die Granatapfelkerne – in einer großen Schüssel mit der Vinaigrette mischen. Den Salat durchziehen lassen und mit den Granatapfelkernen bestreuen.

# Lauwarmer Spaghetti-Salat
## mit Rucola und Basilikum

*Insalata tricolore: Mit seinen klassischen mediterranen Zutaten kommt dieser Salat in den italienischen Nationalfarben daher*

### Zutaten

500 g Spaghetti · Salz
1 Bund Basilikum
1 Bund Rucola
2 rote Zwiebeln
250 g Cocktailtomaten
1 unbehandelte Zitrone
200 ml heiße Gemüsebrühe
10 EL Olivenöl
Pfeffer aus der Mühle
½ TL Zucker
50 g geriebener Parmesan

### Zubereitung
FÜR 6 PERSONEN

1 Die Spaghetti nach Packungsanweisung in reichlich kochendem Salzwasser bissfest garen. In ein Sieb abgießen, kalt abschrecken und abtropfen lassen.

2 Das Basilikum waschen, trocken schütteln und die Blätter abzupfen. Den Rucola verlesen, waschen und trocken schütteln, grobe Stiele entfernen. Jeweils einige Blätter für die Deko beiseitelegen, den Rest in Streifen schneiden. Die Zwiebeln schälen und in feine Spalten schneiden. Die Cocktailtomaten waschen und vierteln.

3 Die Zitrone heiß waschen und trocken reiben. Die Schale fein abreiben und den Saft auspressen. Zitronensaft und -schale mit der Brühe verrühren und kurz ziehen lassen. Die Mischung mit dem Stabmixer aufschlagen, dabei nach und nach das Öl hinzufügen. Mit Salz, Pfeffer und Zucker abschmecken.

4 Die Spaghetti mit der noch heißen Marinade mischen, kurz ziehen lassen und mit Salz und Pfeffer abschmecken. Die Rucola- und Basilikumstreifen untermischen. Den Salat mit den beiseitegelegten Rucola- und Basilikumblättern garnieren und mit Parmesan bestreut lauwarm servieren.

### Tipp

Wenn Sie Baguette oder Ciabattabrot zum Nudelsalat servieren, haben Sie im Handumdrehen eine vollständige Mahlzeit. Mit einem Glas Rotwein dazu, z.B. einem trockenen Chianti, ist Italien ganz nah.

# Penne-Salat
## mit Zucchini und Sardellen

*Bunt und gesund: Wie köstlich dieser Salat schmeckt, erkennen Sie daran, dass die Schüssel garantiert schnell leer ist*

### Zutaten

250 g Penne · Salz
250 g Cocktailtomaten
½ Romanasalat
1 kleiner Zucchino
10 Sardellenfilets (in Öl)
2 EL Zitronensaft
1 EL grobkörniger Senf
6 EL Olivenöl
Pfeffer aus der Mühle
150 g Ziegenfrischkäse

### Zubereitung
#### FÜR 4 PERSONEN

1 Die Penne nach Packungsanweisung in reichlich kochendem Salzwasser bissfest garen. Abgießen, kalt abschrecken und abtropfen lassen.

2 Die Cocktailtomaten waschen und halbieren. Den Romanasalat putzen, in einzelne Blätter teilen, waschen, trocken schleudern und in Streifen schneiden. Den Zucchino putzen, waschen und längs in feine Scheiben schneiden oder hobeln. Die Sardellenfilets trocken tupfen und fein hacken.

3 Für die Vinaigrette den Zitronensaft mit dem Senf und dem Öl verrühren. Die Sardellen hinzufügen und die Vinaigrette mit Salz und Pfeffer würzen.

4 Die Nudeln in einer großen Schüssel mit den Cocktailtomaten, dem Salat und den Zucchinischeiben mischen. Den Ziegenfrischkäse grob zerbröckeln und über den Salat streuen. Den Nudelsalat mit Salz und Pfeffer würzen, die Vinaigrette darüberträufeln, gut untermischen und den Salat nochmals abschmecken. Nach Belieben mit Basilikumblättern garnieren und mit selbst gemachten Grissini (siehe Tipp) servieren.

### Tipp

Grissini selbst gemacht: 400 g Mehl mit 50 g weicher Butter, 4 EL Wasser und etwas Salz verkneten. Den Teig 30 Minuten kühl stellen. Bleistiftdicke Stangen bei 200 °C im Ofen 10 Minuten backen.

# Penne-Salat
## mit Pilzen und Rucola

### Zutaten

250 g Penne · Salz

1 Schalotte

2 Knoblauchzehen

250 g gemischte Pilze

(z. B. Champignons, Egerlinge, Austernpilze)

1 EL Butter

Pfeffer aus der Mühle

50 g Rucola

100 g Cocktailtomaten

3 EL Rotweinessig

3 EL Orangensaft

½ TL mittelscharfer Senf

5 EL Olivenöl

### Zubereitung
#### FÜR 4 PERSONEN

1. Die Penne nach Packungsanweisung in reichlich kochendem Salzwasser bissfest garen. In ein Sieb abgießen, kalt abschrecken und abtropfen lassen.

2. Die Schalotte und den Knoblauch schälen und in feine Würfel schneiden. Die Pilze putzen, mit Küchenpapier trocken abreiben und je nach Größe halbieren oder vierteln. Die Butter in einer Pfanne zerlassen, Schalotte und Knoblauch darin andünsten. Die Pilze kurz mitbraten, mit Salz und Pfeffer würzen und vom Herd nehmen.

3. Den Rucola verlesen, waschen und trocken schütteln, grobe Stiele entfernen. Die Blätter nach Belieben in mundgerechte Stücke zupfen. Die Cocktailtomaten waschen und halbieren.

4. Für die Vinaigrette den Essig mit Orangensaft, Öl, Senf, Salz und Pfeffer verrühren.

5. Die Penne mit Schalotte, Knoblauch, Pilzen, Rucola, Cocktailtomaten und der Vinaigrette in einer großen Schüssel mischen. Vor dem Servieren mit Salz und Pfeffer abschmecken.

# Garganelli-Salat
## mit Brokkoli und Thunfisch

### Zutaten

250 g Garganelli (oder Penne)

Salz

1 Dose Thunfisch
(im eigenen Saft)

250 g Brokkoliröschen

250 g Tomaten · 1 Schalotte

1 Knoblauchzehe · 3 EL Olivenöl

Pfeffer aus der Mühle

1 EL Weißweinessig

einige Basilikumblätter
(in feine Streifen geschnitten)

50 g geriebener Parmesan

### Zubereitung
#### FÜR 4 PERSONEN

1. Die Garganelli nach Packungsanweisung in reichlich kochendem Salzwasser bissfest garen. In ein Sieb abgießen, kalt abschrecken und abtropfen lassen.

2. Den Thunfisch abtropfen lassen und mit einer Gabel grob zerteilen. Den Brokkoli in kochendem Salzwasser 7 Minuten blanchieren, kalt abschrecken und abtropfen lassen. Die Tomaten waschen und in Spalten schneiden, dabei die Stielansätze entfernen. Schalotte und Knoblauch schälen und in feine Würfel schneiden.

3. Das Öl in einer Pfanne erhitzen, die Schalotten und den Knoblauch darin andünsten. Die Brokkoliröschen und die Tomatenstücke dazugeben und kurz mitdünsten.

4. Die Nudeln mit dem Brokkoli und den Tomaten mischen, mit Salz, Pfeffer und Essig würzen. Die Thunfischstücke unterheben und den Salat mindestens 30 Minuten durchziehen lassen. Den Salat mit den Basilikumstreifen und Parmesan bestreut servieren.

# Spaghetti-Salat
## mit Thunfischsauce

*Da lacht das Schlemmerherz: Dieser raffinierte Salat aus Pasta, Fisch und Gemüse ist schnell zubereitet und so richtig zum Sattessen*

## Zutaten

250 g Spaghetti · Salz
500 g grüne Bohnen
1 Bund Frühlingszwiebeln
1 Dose Thunfisch
(im eigenen Saft)
10 Cocktailtomaten
2 EL Weißweinessig
5 EL Olivenöl
1 TL scharfer Senf
2 EL Crème fraîche
Pfeffer aus der Mühle
Zucker
1 EL getrockneter Thymian
1 unbehandelte Zitrone

## Zubereitung
### FÜR 4 PERSONEN

1. Die Spaghetti nach Packungsanweisung in reichlich kochendem Salzwasser bissfest garen. In ein Sieb abgießen, kalt abschrecken und abtropfen lassen.

2. Von den Bohnen die Enden abknipsen und dabei eventuell vorhandene Fäden abziehen. Die Bohnen waschen, in größere Stücke brechen und in reichlich kochendem Salzwasser etwa 10 Minuten garen.

3. Die Frühlingszwiebeln putzen, waschen und in feine Ringe schneiden. Den Thunfisch abtropfen lassen und mit einer Gabel grob zerteilen. Die Cocktailtomaten waschen und vierteln.

4. Essig, Öl, Senf und Crème fraîche zu einem Dressing verrühren, mit Salz, Pfeffer und Zucker abschmecken.

5. Die Bohnen in ein Sieb abgießen, abtropfen lassen und sofort mit dem Dressing mischen. Den Thymian, die Frühlingszwiebeln, die Tomaten- und die Thunfischstücke unterheben.

6. Die Spaghetti auf eine große Platte geben und die Thunfisch-Bohnen-Mischung darauf anrichten. Die Zitrone heiß waschen, trocken reiben und achteln. Den Salat mit den Zitronenspalten und nach Belieben mit Lorbeerblättern garniert servieren.

## Tipp

Thunfisch im eigenen Saft hat wesentlich weniger Kalorien als in Öl eingelegter Thunfisch. Der Hinweis »ohne Treibnetz gefangen« auf den Dosen garantiert einen ökologisch bewussten Fischfang.

# Spaghetti-Salat
## mit Avocado und Garnelen

*Ein Hauch von Luxus: Edle Meeresfrüchte sorgen dafür, dass diese extravagante Salatkomposition auch verwöhnte Gaumen begeistert*

## Zutaten

250 g Spaghetti · Salz
2 Avocados
Saft von 1 Zitrone
1 Knoblauchzehe
2 EL Olivenöl
Pfeffer aus der Mühle
1 rote Chilischote
250 g Garnelen (gegart; bis auf das Schwanzstück geschält)
3 TL eingelegte grüne Pfefferkörner

## Zubereitung
### FÜR 4 PERSONEN

1. Die Spaghetti nach Packungsanweisung in reichlich kochendem Salzwasser bissfest garen. In ein Sieb abgießen, kalt abschrecken und abtropfen lassen.

2. Die Avocados längs halbieren und den Kern entfernen. Die Avocadohälften schälen und nochmals halbieren, ein Viertel mit etwas Zitronensaft beträufeln und kühl stellen.

3. Den Knoblauch schälen und mit dem Rest der Avocados, dem Öl und dem restlichen Zitronensaft mit dem Stabmixer pürieren. Die Avocadosauce mit Salz und Pfeffer würzen und in eine große Salatschüssel geben.

4. Die Spaghetti unter die Sauce mischen und kurz durchziehen lassen. Inzwischen die Chilischote längs halbieren, entkernen, waschen und in feine Streifen schneiden.

5. Die Garnelen kalt abbrausen und trocken tupfen. Mit den Chilistreifen und den Pfefferkörnern unter die Nudeln mischen.

6. Das restliche Avocadoviertel in Scheiben schneiden. Den Salat mit den Avocadoscheiben anrichten und nach Belieben mit kleinen roten Chilischoten garnieren.

## Tipp

Grüne Pfefferkörner sind die unreif geernteten grünen Pfefferfrüchte. Sie sind milder im Geschmack als schwarzer Pfeffer und werden entweder eingelegt oder gefriergetrocknet angeboten.

# Tortiglioni-Salat
## mit Tintenfisch und Paprika

*Das schmeckt nach Sommer: Bei Tintenfisch, Sardellen und Knoblauch werden Erinnerungen an Urlaubstage im sonnigen Süden wach*

## Zutaten

250 g Tortiglioni (ersatzweise Penne oder Rigatoni) · Salz
2 rote Paprikaschoten
1 Knoblauchzehe
4 Sardellenfilets (in Öl)
5 EL Olivenöl
Saft von 1 kleinen Zitrone
1 EL getrockneter Oregano
Pfeffer aus der Mühle
450 g Tintenfischtuben (küchenfertig)
1 Bund Basilikum

## Zubereitung
### FÜR 4 PERSONEN

1. Die Tortiglioni nach Packungsanweisung in reichlich kochendem Salzwasser bissfest garen. In ein Sieb abgießen, kalt abschrecken und abtropfen lassen.

2. Den Backofengrill einschalten. Die Paprikaschoten längs halbieren, entkernen, waschen und mit der Hautseite nach oben auf den Rost oder das Backblech legen. Die Paprikahälften im Backofen auf der mittleren Schiene etwa 10 Minuten garen, bis die Haut braun wird und Blasen wirft. Die Paprikaschoten mit einem feuchten Küchentuch bedecken und etwa 10 Minuten abkühlen lassen. Dann häuten und in Streifen schneiden.

3. Den Knoblauch schälen, die Sardellenfilets trocken tupfen. Den Knoblauch mit den Sardellenfilets, 3 EL Öl, Zitronensaft und Oregano in einen Rührbecher geben. Mit dem Stabmixer pürieren und die Sauce in eine große Schüssel geben, mit wenig Salz und Pfeffer würzen.

4. Die Tintenfischtuben waschen, trocken tupfen und in Ringe schneiden. Das restliche Öl in einer Pfanne erhitzen und die Tintenfischringe darin kurz anbraten. Mit Salz und Pfeffer würzen und etwas abkühlen lassen. Tintenfischringe, Paprikastreifen und Tortiglioni in die Schüssel geben und gründlich mit der Sauce mischen.

5. Das Basilikum waschen, trocken schütteln und die Blätter abzupfen. Einige Blätter für die Deko beiseitelegen, den Rest fein hacken. Die gehackten Basilikumblätter unter den Salat mischen. Den Salat auf einer Platte anrichten und mit dem restlichen Basilikum garniert servieren.

# Pasta für Eilige

# Spaghetti
## mit Tomaten-Pesto

*Das Dream-Team der Pasta-Küche: Auch in der Variante mit getrockneten Tomaten passt die berühmte Sauce perfekt zu Spaghetti*

## Zutaten

400 g Spaghetti · Salz

½ rote Chilischote

2 Knoblauchzehen

70 g getrocknete Tomaten (in Öl)

50 g Pecorino (am Stück)

30 g geschälte gemahlene Mandeln

6 EL Olivenöl

Pfeffer aus der Mühle

1 EL Aceto balsamico

## Zubereitung
### FÜR 4 PERSONEN

1 Die Spaghetti nach Packungsanweisung in reichlich kochendem Salzwasser bissfest garen.

2 Inzwischen die Chilischote entkernen, waschen und in feine Würfel schneiden. Den Knoblauch schälen und ebenfalls in feine Würfel schneiden. Die getrockneten Tomaten abgießen, dabei das Öl auffangen. Die Tomaten in Stücke schneiden. Vom Pecorino mit dem Sparschäler einige Späne für die Deko abhobeln und beiseitelegen, den restlichen Käse fein reiben.

3 Tomaten, Chili, Knoblauch, etwa 2 EL Tomatenöl und die gemahlenen Mandeln im Blitzhacker oder mit dem Stabmixer fein pürieren. Dann den geriebenen Pecorino und nach und nach das Öl untermixen. Das Tomaten-Pesto mit Salz, Pfeffer und Aceto balsamico abschmecken.

4 Die Spaghetti in ein Sieb abgießen und abtropfen lassen. Die Spaghetti wieder in den Topf geben und mit dem Tomaten-Pesto mischen. Mit den Pecorinospänen und nach Belieben mit Basilikumblättern garniert servieren.

## Tipp

Pesto kann man gut in größeren Mengen herstellen – in einem Schraubglas hält es sich im Kühlschrank mehrere Wochen. Es sollte dabei immer von einer Schicht Olivenöl bedeckt sein.

# Bavette
## mit Brokkoli-Sahne-Sauce

*Grün und Grün gesellt sich gern: In dieser sahnigen Nudelsauce haben sich Basilikum und feiner Brokkoli gesucht und gefunden*

## Zutaten

1 kleiner Brokkoli (ca. 250 g)

Salz

250 g Bavette (oder Linguine)

1 Knoblauchzehe

1 Bund Basilikum

50 g Pecorino (am Stück)

2 EL gemahlene Haselnüsse

5 EL Olivenöl

Pfeffer aus der Mühle

1 Schalotte

50 ml trockener Weißwein

250 g Sahne

## Zubereitung

FÜR 2 PERSONEN

1 Den Brokkoli putzen, waschen und in Röschen teilen. Den Strunk schälen und in Würfel schneiden. Die Brokkoliwürfel in kochendem Salzwasser etwa 4 Minuten blanchieren, dann die Röschen hinzufügen und weitere 5 Minuten garen. In ein Sieb abgießen, kalt abschrecken und abtropfen lassen.

2 Die Bavette nach Packungsanweisung in reichlich kochendem Salzwasser bissfest garen.

3 Inzwischen den Knoblauch schälen und halbieren. Das Basilikum waschen, trocken schütteln und die Blätter abzupfen. Den Pecorino fein reiben. Einige Brokkoliröschen beiseitelegen, den Rest (Strunk und Röschen) mit dem Knoblauch, dem Basilikum, dem Pecorino und den Haselnüssen im Blitzhacker oder mit dem Stabmixer fein pürieren. Zuletzt 4 EL Öl unterrühren und das Püree mit Salz und Pfeffer würzen.

4 Die Schalotte schälen und in feine Würfel schneiden. Das restliche Öl erhitzen und die Schalottenwürfel darin andünsten. Den Wein hinzufügen und etwas einkochen lassen. Die Sahne dazugießen, das Brokkolipüree unterrühren und die Brokkoliröschen dazugeben. Die Sauce kurz aufkochen und mit Salz und Pfeffer abschmecken.

5 Die Bavette in ein Sieb abgießen und abtropfen lassen. Die Brokkoli-Sahne-Sauce mit den heißen Nudeln mischen. Nach Belieben mit Pecorino bestreut servieren.

## Tipp

Für eine edlere Variante können Sie die Haselnüsse auch einmal durch Macadamianüsse ersetzen. Als Begleiter zu den Brokkoli-Nudeln passt gebratenes Lachsfilet sehr gut.

# Spaghetti carbonara
## mit Parmesan

*Das macht Spaghetti an: Sahne, frisch geriebener Parmesan und Eier sind Schmeichler, auf die die langen Dünnen einfach stehen*

## Zutaten

400 g Spaghetti · Salz

100 g Parmesan (am Stück)

150 g Sahne

3 sehr frische Eier

Pfeffer aus der Mühle

1 Knoblauchzehe

100 g Frühstücksspeck (in Scheiben)

1 EL Olivenöl

frisch geriebene Muskatnuss

## Zubereitung
### FÜR 4 PERSONEN

1 Die Spaghetti nach Packungsanweisung in reichlich kochendem Salzwasser bissfest garen.

2 Inzwischen die Hälfte des Parmesans fein reiben und mit der Sahne und den Eiern verquirlen. Mit Salz und Pfeffer würzen.

3 Den Knoblauch schälen und in feine Würfel schneiden. Den Speck in Streifen schneiden. Das Öl in einer großen Pfanne erhitzen und den Speck darin rundum knusprig braten. Herausnehmen und auf Küchenpapier abtropfen lassen. Den Knoblauch im ausgebratenen Fett glasig dünsten.

4 Die Spaghetti in ein Sieb abgießen und abtropfen lassen. In die Pfanne geben und kurz durchschwenken. Die Pfanne vom Herd nehmen und die Eiersahne zügig untermischen, dabei darauf achten, dass sie nicht stockt. Mit Salz, Pfeffer und Muskatnuss abschmecken. Die Spaghetti mit den gebratenen Speckstreifen anrichten und den restlichen Parmesan grob darüberhobeln oder -reiben.

## Tipp

Frühlingsfrisch werden die Spaghetti carbonara, wenn Sie zusätzlich 1–2 EL gehackte Kräuter untermischen. Dafür eignen sich beispielsweise Kerbel, Schnittlauch, Petersilie, Bärlauch oder auch Kresse.

# Spaghetti
## mit Gorgonzolasauce

### Zutaten

400 g Spaghetti

Salz

200 g Gorgonzola

1 kleine Zwiebel

1 Knoblauchzehe

1 EL Butter

400 g Sahne

Pfeffer aus der Mühle

## Zubereitung
### FÜR 4 PERSONEN

1. Die Spaghetti nach Packungsanweisung in reichlich kochendem Salzwasser bissfest garen.

2. Inzwischen den Gorgonzola eventuell entrinden und in Würfel schneiden. Die Zwiebel und den Knoblauch schälen und in feine Würfel schneiden.

3. Die Butter in einem Topf zerlassen, die Zwiebel- und Knoblauchwürfel darin andünsten. Die Sahne und den Gorgonzola hinzufügen. Den Käse bei schwacher Hitze unter Rühren in der Sahne schmelzen lassen, bis eine sämige, dickflüssige Sauce entstanden ist. Die Gorgonzolasauce mit Salz und Pfeffer vorsichtig abschmecken (Achtung: Der Käse ist sehr würzig!) und nach Belieben mit dem Stabmixer schaumig aufschlagen.

4. Die Spaghetti in ein Sieb abgießen, abtropfen lassen und mit der Käsesauce mischen. Die Gorgonzolasauce bekommt mehr Biss, wenn man gehackte Walnüsse oder leicht angeröstete Pinienkerne untermischt.

# Spaghetti
## mit Basilikum-Pesto

### Zutaten

400 g Spaghetti

Salz

2–3 Bund Basilikum

2 Knoblauchzehen

30 g Pinienkerne

50 g Parmesan (am Stück)

8 EL Olivenöl

Pfeffer aus der Mühle

### Zubereitung
FÜR 4 PERSONEN

1 Die Spaghetti nach Packungsanweisung in reichlich kochendem Salzwasser bissfest garen.

2 Inzwischen das Basilikum waschen und trocken schütteln, die Blätter abzupfen und klein schneiden. Den Knoblauch schälen und grob zerkleinern.

3 Die Pinienkerne in einer beschichteten Pfanne ohne Fett leicht anrösten. Den Parmesan fein reiben. Basilikum, Knoblauch, Pinienkerne und etwas Öl im Blitzhacker oder mit dem Stabmixer fein pürieren. Den Parmesan und das restliche Öl nach und nach dazugeben und alles zu einer glatten Paste verrühren. Das Pesto mit Salz und Pfeffer abschmecken.

4 Die Spaghetti in ein Sieb abgießen, abtropfen lassen und das Basilikum-Pesto gründlich untermischen. Bei der Pesto-Zubereitung sind der Fantasie keine Grenzen gesetzt. Kreieren Sie Ihren ganz persönlichen Favoriten: Statt Basilikum eignen sich auch andere Kräuter (z.B. Petersilie, Kerbel oder Koriander), die Pinienkerne können durch Walnüsse, Kürbiskerne oder Pistazien ersetzt werden.

# Tagliatelle mit Spargel und Tomaten

*In jeder Hinsicht Spitze: Auch in Begleitung von Nudeln und aromatischen Tomaten macht zarter Spargel eine »bella figura«*

## Zutaten

800 g weißer Spargel
250 g Cocktailtomaten
1 unbehandelte Zitrone
4 Zweige Rosmarin
400 g Tagliatelle · Salz
3 EL Olivenöl
Pfeffer aus der Mühle
50 g geriebener Parmesan

## Zubereitung
### FÜR 4 PERSONEN

1. Den Spargel schälen und die holzigen Enden abschneiden. Die Spargelstangen schräg in mundgerechte Stücke schneiden. Die Cocktailtomaten waschen und halbieren.

2. Die Zitrone heiß waschen und trocken reiben. Die Schale fein abreiben und den Saft auspressen. Den Rosmarin waschen und trocken schütteln.

3. Die Tagliatelle nach Packungsanweisung in reichlich kochendem Salzwasser bissfest garen. In ein Sieb abgießen und dabei etwas Kochwasser auffangen. Die Nudeln abtropfen lassen.

4. Das Öl in einer großen Pfanne erhitzen. Den Spargel und die Rosmarinzweige darin bei mittlerer Hitze unter Rühren etwa 10 Minuten braten. Dann die Tomaten und die Zitronenschale dazugeben und etwa 2 Minuten mitbraten. Mit Salz, Pfeffer und Zitronensaft würzen.

5. So viel Kochwasser zu den Tagliatelle geben, dass sie wieder geschmeidig sind. Dann die Nudeln mit Spargel und Tomaten mischen, mit Parmesan bestreut servieren.

## Tipp

Noch bunter wird das Gericht mit grünen Spargelstangen oder grünen Tagliatelle. Grüner Spargel muss nicht geschält werden und hat eine kürzere Garzeit: Er ist bereits nach 6 bis 8 Minuten fertig.

# Spaghetti
## mit Rucola und Chili

*Immer ein Erfolg: Würziger Knoblauch, feines Olivenöl und feurige Chilischärfe sind die besten Garanten für pures Pasta-Vergnügen*

### Zutaten

400 g Spaghetti · Salz
100 g Rucola
1 Schalotte
2 Knoblauchzehen
1 rote Chilischote
6 EL Olivenöl
2 EL eingelegte Kapern
Pfeffer aus der Mühle

### Zubereitung
#### FÜR 4 PERSONEN

1 Die Spaghetti nach Packungsanweisung in reichlich kochendem Salzwasser bissfest garen.

2 Den Rucola verlesen, waschen und trocken schütteln. Grobe Stiele entfernen, die Blätter nach Belieben in Stücke zupfen.

3 Die Schalotte und den Knoblauch schälen und in feine Würfel schneiden. Die Chilischote längs halbieren, entkernen, waschen und in feine Streifen schneiden.

4 Das Öl in einem großen Topf erhitzen, Schalotte, Knoblauch und Chili darin bei mittlerer Hitze andünsten. Die Spaghetti in ein Sieb abgießen und abtropfen lassen, dabei eine kleine Tasse Kochwasser auffangen.

5 Die Spaghetti mit dem Nudelwasser, dem Rucola und den Kapern in den Topf zum Chiliöl geben und alles gut mischen. Mit Salz und Pfeffer abschmecken und nach Belieben mit geriebenem Parmesan servieren.

### Tipp

Bei Kapern gilt: je kleiner, desto feiner. Die Knospen des Kapernstrauchs gibt es in Essigmarinade eingelegt oder in Salz konserviert. Letztere sollte man vor der Verwendung unbedingt waschen.

# Spaghetti
## mit Paprikasauce

### Zutaten

2 Zwiebeln

2 Knoblauchzehen

4 kleine gelbe Paprikaschoten

400 g Spaghetti · Salz

2 EL Olivenöl

500 g passierte Tomaten
(aus der Dose)

Pfeffer aus der Mühle

1 TL getrockneter Oregano

### Zubereitung
#### FÜR 4 PERSONEN

1. Die Zwiebeln und den Knoblauch schälen und in feine Würfel schneiden. Die Paprikaschoten längs halbieren, entkernen, waschen und in möglichst kleine Würfel schneiden.

2. Die Spaghetti nach Packungsanweisung in reichlich kochendem Salzwasser bissfest garen.

3. Inzwischen das Öl in einem Topf erhitzen, die Zwiebeln und Knoblauch darin andünsten. Die Paprikawürfel hinzufügen und kurz mitdünsten. Die passierten Tomaten dazugeben, mit Salz, Pfeffer und Oregano würzen. Die Paprikasauce zugedeckt bei mittlerer Hitze etwa 10 Minuten köcheln lassen.

4. Die Spaghetti in ein Sieb abgießen und abtropfen lassen. Die Paprikasauce nach Belieben mit dem Stabmixer leicht pürieren und unter die Spaghetti mischen. Pfeffer grob darübermahlen und die Spaghetti sofort servieren.

# Spaghetti
## mit Schafskäse

### Zutaten

1 unbehandelte Zitrone
1 Bund Frühlingszwiebeln
400 g Spaghetti · Salz
1 EL Butter
150 g Schafskäse (Feta)
200 g Sahne
Pfeffer aus der Mühle

### Zubereitung
#### FÜR 4 PERSONEN

1. Die Zitrone heiß waschen, trocken reiben und halbieren. Eine Hälfte auspressen, die andere in dünne Scheiben schneiden. Die Frühlingszwiebeln putzen, waschen und in Ringe schneiden.

2. Die Spaghetti nach Packungsanweisung in reichlich kochendem Salzwasser bissfest garen.

3. Inzwischen die Butter in einer Pfanne zerlassen und die Hälfte der Frühlingszwiebelringe darin andünsten. Den Schafskäse grob zerbröckeln und 3 EL für die Deko beiseitelegen. Den restlichen Käse mit der Sahne und 1 EL Zitronensaft mit dem Stabmixer pürieren. Die Käsesahne in die Pfanne geben, unterrühren und kurz köcheln lassen.

4. Die Spaghetti in ein Sieb abgießen und abtropfen lassen. Die Sauce mit Salz und Pfeffer abschmecken und mit den abgetropften Nudeln anrichten. Mit den beiseitegelegten Frühlingszwiebelringen, den Zitronenscheiben und dem restlichen Schafskäse garnieren.

# Pappardelle
## mit Gorgonzola und Birnen

*Lust auf etwas Besonderes? Die klassische Kombination Gorgonzola und Birnen wurde hier für die Pasta-Küche neu entdeckt*

### Zutaten

500 g Staudensellerie (mit Grün)
2 EL Butter
Salz
400 g Pappardelle
250 g Gorgonzola
200 g Sahne
Pfeffer aus der Mühle
4 EL Pinienkerne
1 kleine Birne (z. B. Williams Christ)

### Zubereitung

FÜR 4 PERSONEN

1 Den Sellerie putzen und waschen. Die Stangen schräg in feine Scheiben schneiden, das Grün für die Deko beiseitelegen. Die Butter in einem Topf zerlassen und die Selleriescheiben darin bei mittlerer Hitze etwa 5 Minuten dünsten.

2 Die Pappardelle nach Packungsanweisung in reichlich kochendem Salzwasser bissfest garen.

3 Inzwischen den Gorgonzola klein schneiden. Einige Stücke beiseitelegen, den Rest mit der Sahne zu den Selleriescheiben geben. Kurz aufkochen und den Käse bei schwacher Hitze unter Rühren schmelzen. Die Sauce kurz köcheln lassen, mit Salz und Pfeffer kräftig würzen.

4 Die Pinienkerne in einer beschichteten Pfanne ohne Fett goldbraun rösten. Die Birne waschen, halbieren und das Kerngehäuse entfernen. Die Birnenhälften in Spalten schneiden.

5 Die Pappardelle in ein Sieb abgießen und abtropfen lassen. In einer großen Schüssel mit der Gorgonzolasauce und den Birnenspalten anrichten, die gerösteten Pinienkerne und die restlichen Käsestücke darüberstreuen. Mit dem Selleriegrün garnieren und nach Belieben Pfeffer grob darübermahlen.

### Tipp

Noch pikanter wird die Sauce, wenn Sie statt Gorgonzola den würzigeren Roquefort nehmen. Wer es dagegen milder mag, verwendet am besten cremigen Sahne-Gorgonzola mit Mascarpone.

# Tagliatelle
## mit Zitronensauce

*Saft-, aber nicht kraftlos: Kenner greifen zur Zitronenschale,
wenn statt Säure die viel gerühmte Zitrusfrische gefragt ist*

## Zutaten

1 Schalotte
1 Knoblauchzehe
1 EL Butter
1 EL Mehl
½ l Hühnerbrühe
100 g Sahne
Salz · Pfeffer aus der Mühle
400 g Tagliatelle
1 Bund Zitronenmelisse
abgeriebene Schale von
1 unbehandelten Zitrone

## Zubereitung
### FÜR 4 PERSONEN

1 Die Schalotte und den Knoblauch schälen und in feine Würfel schneiden. Die Butter in einem kleinen Topf zerlassen, Schalotte und Knoblauch darin andünsten. Das Mehl darüberstäuben und anschwitzen. Mit der Brühe und der Sahne ablöschen und unter Rühren aufkochen lassen. Die Sauce mit Salz und Pfeffer würzen und bei schwacher Hitze unter gelegentlichem Rühren etwa 10 Minuten köcheln lassen.

2 Die Tagliatelle nach Packungsanweisung in reichlich kochendem Salzwasser bissfest garen.

3 Die Zitronenmelisse waschen, trocken schütteln und die Blätter abzupfen. Einige Blätter für die Deko beiseitelegen, den Rest fein hacken. Die Zitronenmelisse und die abgeriebene Zitronenschale unter die Sauce rühren, mit Salz und Pfeffer abschmecken.

4 Die Tagliatelle in ein Sieb abgießen und abtropfen lassen. Die Tagliatelle mit der Zitronensauce mischen, mit Zitronenmelisseblättern und nach Belieben Zitronenschalenstreifen garniert servieren.

## Tipp

Mit ihrem zitrusfrischen Aroma passt die Sauce wunderbar zu Fisch und Meeresfrüchten, z. B. Lachs oder Garnelen. Auch zu Geflügel wie Hähnchen oder Pute ist die Zitronensauce ein idealer Begleiter.

# Spaghetti
## aglio e olio mit Peperoncini

### Zutaten

400 g Spaghetti · Salz

4 Knoblauchzehen

2 Stiele Petersilie

2 rote Peperoni

1/8 l Olivenöl

Pfeffer aus der Mühle

50 g Parmesan (am Stück)

### Zubereitung
#### FÜR 4 PERSONEN

1 Die Spaghetti nach Packungsanweisung in reichlich kochendem Salzwasser bissfest garen.

2 Inzwischen den Knoblauch schälen und in feine Scheiben schneiden. Die Petersilie waschen und trocken schütteln, die Blätter abzupfen und fein hacken. Die Peperoni längs halbieren, entkernen, waschen und in Streifen schneiden.

3 Das Öl in einer großen Pfanne erhitzen, Knoblauch und Peperoni darin kurz andünsten.

4 Die Spaghetti in ein Sieb abgießen und abtropfen lassen. Die Nudeln mit der Petersilie zum Knoblauch geben und alles gut mischen. Mit Salz und Pfeffer würzen und den Parmesan mit dem Sparschäler in feinen Spänen darüberhobeln. Nach Belieben mit Petersilie garnieren.

# Bandnudeln
## mit Basilikumschaum

### Zutaten

400 g Bandnudeln (z. B. Pappardelle oder Tagliatelle)
Salz
1 Bund Basilikum
1 Schalotte
1 EL Butter
300 ml Gemüsebrühe
100 g Sahne
2 EL Crème fraîche
Pfeffer aus der Mühle

### Zubereitung
FÜR 4 PERSONEN

1 Die Bandnudeln nach Packungsanweisung in reichlich kochendem Salzwasser bissfest garen.

2 Inzwischen das Basilikum waschen, trocken schütteln und die Blätter abzupfen. Die Schalotte schälen und in feine Würfel schneiden.

3 Die Butter in einer großen Pfanne zerlassen und die Schalottenwürfel darin andünsten. Mit der Brühe ablöschen, Sahne und Crème fraîche dazugeben und einige Minuten einköcheln lassen.

4 Einige Basilikumblätter für die Deko beiseitelegen, den Rest in die Sauce geben. Die Sauce mit dem Stabmixer glatt und leicht schaumig pürieren. Mit Salz und Pfeffer abschmecken.

5 Die Tagliatelle in ein Sieb abgießen und abtropfen lassen. Mit dem Basilikumschaum mischen und mit den Basilikumblättern garnieren.

# Grüne Tortellini
## mit Vier-Käse-Sauce

*Alles Käse? Von wegen! Was könnte Tortellini Besseres passieren, als mit einer herzhaften Käsesauce auf den Tisch zu kommen?*

### Zutaten

je 70 g Gorgonzola, Gruyère und Fontina (am Stück)

70 g Parmesan (am Stück)

2 EL Butter · 2 EL Mehl

200 ml Milch

100 ml trockener Weißwein

Salz · Pfeffer aus der Mühle

500 g frische grüne Tortellini (aus dem Kühlregal)

½ Bund Rucola

200 g Tomaten

### Zubereitung
FÜR 4 PERSONEN

1 Gorgonzola, Gruyère und Fontina eventuell entrinden und in Würfel schneiden. Den Parmesan fein reiben.

2 Die Butter in einem Topf zerlassen. Das Mehl dazugeben und bei schwacher Hitze unter Rühren 1 bis 2 Minuten anschwitzen. Nach und nach die Milch und den Wein dazugießen, dabei mit dem Schneebesen kräftig rühren, damit sich keine Klümpchen bilden.

3 Die Käsewürfel und den Parmesan hinzufügen und bei schwacher Hitze unter Rühren schmelzen. Die Vier-Käse-Sauce mit Salz und Pfeffer kräftig abschmecken.

4 In einem Topf reichlich Salzwasser aufkochen. Die Tortellini in das kochende Wasser geben und nach Packungsanweisung bei schwacher Hitze gar ziehen lassen.

5 Den Rucola verlesen, waschen und trocken schütteln, grobe Stiele entfernen. Die Rucolablätter nach Belieben in Stücke zupfen. Die Tomaten waschen, halbieren, entkernen und in Würfel schneiden.

6 Die Tortellini in ein Sieb abgießen und abtropfen lassen. Mit der Vier-Käse-Sauce, dem Rucola und den Tomatenwürfeln anrichten, nach Belieben Pfeffer grob darübermahlen.

### Tipp

Wer keine frischen Tortellini bekommt, kann genauso gut 250 g getrocknete Tortellini verwenden. Die Sauce passt auch zu frischen grünen Gnocchi – den Rucola dann durch frittierte Salbeiblätter ersetzen.

# Tortellini
## mit Schinken-Sahne-Sauce

*Last-Minute-Idee für Kurzentschlossene: Der sahnige Klassiker aus Norditalien ist nicht ganz kalorienarm, aber unschlagbar lecker*

### Zutaten

500 g frische Tortellini (aus dem Kühlregal)
Salz
150 g gekochter Schinken (in Scheiben)
250 g Erbsen (tiefgekühlt)
200 g Sahne
Pfeffer aus der Mühle
50 g Parmesan (am Stück)

### Zubereitung
**FÜR 4 PERSONEN**

1. In einem Topf reichlich Salzwasser aufkochen. Die Tortellini in das kochende Wasser geben und nach Packungsanweisung bei schwacher Hitze gar ziehen lassen.

2. Inzwischen die Schinkenscheiben in Stücke schneiden. Die gefrorenen Erbsen etwa 4 Minuten vor Garzeitende in den Topf zu den Tortellini geben. Tortellini und Erbsen in ein Sieb abgießen und nur kurz abtropfen lassen.

3. Gefüllte Nudeln und Erbsen in den Topf zurückgeben, den Schinken untermischen und die Sahne dazugießen. Mit Salz und Pfeffer würzen, gut verrühren und kurz erhitzen.

4. Den Parmesan fein reiben. Die Tortellini mit dem Käse bestreuen und nach Belieben mit Petersilie garniert servieren.

### Tipp

Frische Tortellini gibt es inzwischen in jedem Supermarkt in der Kühltheke: weiß oder grün, mit Fleisch, Käse oder Ricotta und Spinat gefüllt. In italienischen Feinkostläden ist die Auswahl noch größer.

# Tagliatelle
## mit Speck und Kapern

### Zutaten

400 g Tagliatelle · Salz
3 Stiele Basilikum
1 Knoblauchzehe
200 g durchwachsener geräucherter Speck
2 EL Olivenöl
2 EL eingelegte Kapern (oder Kapernäpfel)
Pfeffer aus der Mühle

### Zubereitung
FÜR 4 PERSONEN

1 Die Tagliatelle nach Packungsanweisung in reichlich kochendem Salzwasser bissfest garen.

2 Inzwischen das Basilikum waschen, trocken schütteln und die Blätter abzupfen. Den Knoblauch schälen und in feine Würfel schneiden. Den Speck ebenfalls in Würfel schneiden.

3 Das Öl in einer großen Pfanne erhitzen und die Speckwürfel darin knusprig braten. Den Knoblauch hinzufügen und kurz mitbraten.

4 Die Tagliatelle in ein Sieb abgießen und abtropfen lassen. Die Nudeln mit den Kapern zum Speck in die Pfanne geben und alles gut mischen. Mit Salz und Pfeffer abschmecken und mit den Basilikumblättern garniert servieren.

# Penne
## mit Speck-Tomaten-Sauce

### Zutaten

400 g Penne · Salz
100 g durchwachsener geräucherter Speck
1 rote Chilischote
1 Zwiebel
1 Knoblauchzehe
20 Cocktailtomaten
1–2 EL Olivenöl
1 EL Tomatenmark
Pfeffer aus der Mühle

### Zubereitung
#### FÜR 4 PERSONEN

1. Die Penne nach Packungsanweisung in reichlich kochendem Salzwasser bissfest garen.

2. Inzwischen den Speck in Würfel schneiden. Die Chilischote längs halbieren, entkernen, waschen und in feine Streifen schneiden. Die Zwiebel und den Knoblauch schälen und in feine Würfel schneiden. Die Cocktailtomaten waschen und vierteln.

3. Das Öl in einer großen Pfanne erhitzen und die Speckwürfel darin knusprig braten. Chili, Zwiebel und Knoblauch dazugeben und kurz mitbraten. Das Tomatenmark unterrühren und die Tomaten hinzufügen. Alles zugedeckt bei schwacher Hitze 5 Minuten ziehen lassen. Die Sauce mit Salz und Pfeffer abschmecken.

4. Die Penne in ein Sieb abgießen und abtropfen lassen. In die Sauce geben, gut durchmischen und bei schwacher Hitze kurz ziehen lassen.

# Rigatoni
## mit Bohnenkernen und Speck

*Kulinarische Grenzgänger: Typische deutsche Zutaten wie Bohnen, Speck und Petersilie passen auch bestens in die »cucina italiana«*

### Zutaten

200 g dicke grüne Bohnenkerne (tiefgekühlt)
Salz · 400 g Rigatoni
2 EL Öl
12 Scheiben Frühstücksspeck
50 ml Gemüsebrühe
1 EL Butter
Pfeffer aus der Mühle
1–2 EL gehackte Petersilie
50 g geriebener Pecorino

### Zubereitung
FÜR 4 PERSONEN

1. Die Bohnenkerne in reichlich kochendem Salzwasser etwa 2 Minuten blanchieren. In ein Sieb abgießen, kalt abschrecken und abtropfen lassen. Die Rigatoni nach Packungsanweisung in reichlich kochendem Salzwasser bissfest garen.

2. Inzwischen das Öl in einer großen Pfanne erhitzen und den Frühstücksspeck darin knusprig braten. Herausnehmen und auf Küchenpapier abtropfen lassen.

3. Die Bohnenkerne im Speckfett kurz andünsten. Mit der Brühe ablöschen, die Butter hinzufügen und die Bohnen etwa 2 Minuten garen. Mit Salz und Pfeffer würzen.

4. Die Rigatoni in ein Sieb abgießen, abtropfen lassen und in der Pfanne mit den Bohnenkernen mischen. Die Petersilie dazugeben und nochmals mit Salz und Pfeffer abschmecken. Die Nudeln mit den Speckscheiben anrichten und mit Pecorino bestreut servieren.

### Tipp

Pecorino gibt es in unterschiedlichen Varianten und Reifegraden in vielen Regionen Italiens. Mit ihrem meist kräftigen Aroma sind alte, gereifte Laibe aller Sorten eine würzige Alternative zu Parmesan.

# Orecchiette
## mit Bohnen und Zwiebeln

*Ran an den Speck! Mit diesem deftigen Nudelgericht mit Bohnen und Zwiebeln kocht man selbst gestandene Mannsbilder schwach*

## Zutaten

75 g Frühstücksspeck (in Scheiben)

2 kleine Dosen weiße Bohnen (à 250 g Abtropfgewicht)

400 g Orecchiette · Salz

3 Zwiebeln

1 Knoblauchzehe

¼ l Gemüsebrühe

Saft von 1 Zitrone

2 TL abgeriebene unbehandelte Zitronenschale

3 EL gehacktes Basilikum

Pfeffer aus der Mühle

1 Msp. Sambal Oelek

## Zubereitung
### FÜR 4 PERSONEN

1 Den Speck in Streifen schneiden und in einer beschichteten Pfanne ohne Fett knusprig braten. Die Bohnen in ein Sieb abgießen und abtropfen lassen.

2 Die Orecchiette nach Packungsanweisung in reichlich kochendem Salzwasser bissfest garen.

3 Inzwischen die Zwiebeln schälen und in feine Ringe schneiden. Den Knoblauch schälen und in feine Würfel schneiden. Zwiebeln und Knoblauch zum Speck in die Pfanne geben und unter Rühren anbraten.

4 Abgetropfte Bohnen, die Brühe, Zitronensaft und -schale sowie das Basilikum mit in die Pfanne geben und alles bei schwacher Hitze etwa 7 Minuten sanft köcheln lassen. Die Bohnensauce mit Salz, Pfeffer und Sambal Oelek abschmecken.

5 Die Orecchiette in ein Sieb abgießen und abtropfen lassen. Mit der Bohnensauce anrichten und nach Belieben mit Basilikumblättern garniert servieren.

## Tipp

Wer Speck nicht gern mag, kann auch Salsiccia, Salami oder mageren Schinken verwenden. Kapern oder – nach süditalienischer Art – je 1 EL Pinienkerne und Rosinen sind eine perfekte Ergänzung.

# Pasta mit Gemüse & Käse

# Spaghettini
## mit Walnüssen und Spargel

*Absolut hitverdächtig: Nüsse, Pecorino, aromatischer Spargel und Mais werden bei Nudelfans garantiert das Rennen machen*

### Zutaten

300 g grüner Spargel
Salz
200 g Spaghettini
40 g Walnusskerne
30 g Pecorino (am Stück)
4 EL Olivenöl
2 EL Maiskörner (aus der Dose)
Pfeffer aus der Mühle
2 EL Zitronensaft
1 EL gehackte Petersilie

### Zubereitung

FÜR 2 PERSONEN

1. Den Spargel waschen und die holzigen Enden abschneiden. Die Spargelstangen im unteren Drittel schälen und in mundgerechte Stücke schneiden.

2. Etwas Salzwasser zum Kochen bringen und die Spargelstücke darin 6 bis 8 Minuten bissfest garen. In ein Sieb abgießen, kalt abschrecken und abtropfen lassen.

3. Die Spaghettini nach Packungsanweisung in reichlich kochendem Salzwasser bissfest garen.

4. Inzwischen die Walnüsse grob hacken, den Pecorino in Stücke brechen. Das Öl in einer großen Pfanne erhitzen, die Spargelstücke und den Mais dazugeben und unter Rühren erwärmen. Mit Salz, Pfeffer und Zitronensaft kräftig würzen.

5. Die Spaghettini in ein Sieb abgießen und abtropfen lassen. Mit den Nüssen zum Spargel geben und gut untermischen. Die gehackte Petersilie unterheben und die Spaghettini mit dem Pecorino bestreut servieren.

### Tipp

Aus Olivenöl, Petersilie, Nüssen, Pecorino und Zitronensaft können Sie auch ein Pesto zubereiten und dieses unter die Nudeln mischen. Schmeckt extra nussig, wenn Sie noch Walnussöl hinzufügen.

# Spaghetti
## mit frittiertem Basilikum

*Das Gute kann so einfach sein: Würziges Kräuter-Knoblauch-Öl und frittiertes Basilikum geben bei diesem Pasta-Gericht den Ton an*

## Zutaten

400 g Spaghetti · Salz
4 Bund Basilikum
2 Knoblauchzehen
8 EL Olivenöl
Pfeffer aus der Mühle
50 g Pecorino (am Stück)

## Zubereitung
### FÜR 4 PERSONEN

1 Die Spaghetti nach Packungsanweisung in reichlich kochendem Salzwasser bissfest garen.

2 Inzwischen das Basilikum waschen, trocken schütteln und die Blätter abzupfen. Etwa 20 Blätter für die Deko beiseitelegen, den Rest in feine Streifen schneiden. Den Knoblauch schälen und in feine Würfel schneiden.

3 In einer großen Pfanne 4 EL Öl erhitzen, die Basilikumstreifen und den Knoblauch darin kurz andünsten.

4 Die Spaghetti in ein Sieb abgießen und abtropfen lassen. In die Pfanne zu dem Knoblauch-Kräuter-Öl geben und gut untermischen. Mit Salz und Pfeffer abschmecken.

5 Das restliche Öl in einer zweiten Pfanne erhitzen und die beiseitegelegten Basilikumblätter darin 1 Minute frittieren. Die Blätter auf Küchenpapier abtropfen lassen und das Öl zu den Basilikum-Spaghetti geben.

6 Die Spaghetti mit den frittierten Basilikumblättern auf einer Platte anrichten, den Pecorino mit dem Sparschäler in feinen Spänen darüberhobeln.

## Tipp

Frittierte Kräuterblätter haben ein ganz besonderes Aroma und sind das i-Tüpfelchen auf jedem Gericht. Probieren Sie auch durch Backteig gezogene und dann frittierte Salbeiblätter.

# Penne
## mit Kräuter-Käse-Sauce

### Zutaten

2 Bund Petersilie

1 Knoblauchzehe

1 EL Zitronensaft

3 EL Pinienkerne

7 EL Olivenöl

400 g Penne lisce · Salz

100 g mittelalter Gouda (am Stück)

2 EL Crème fraîche

Pfeffer aus der Mühle

### Zubereitung
#### FÜR 4 PERSONEN

1 Die Petersilie waschen, trocken schütteln und die Blätter abzupfen. Einige Blätter für die Deko beiseitelegen, den Rest grob hacken. Den Knoblauch schälen und halbieren. Mit der Petersilie, dem Zitronensaft, den Pinienkernen und 3 EL Öl im Blitzhacker oder mit dem Stabmixer zu einer feinen Paste pürieren.

2 Die Penne nach Packungsanweisung in reichlich kochendem Salzwasser bissfest garen.

3 Inzwischen den Gouda grob raspeln und mit der Crème fraîche unter die Kräutersauce rühren. Mit Salz und Pfeffer kräftig würzen.

4 Das restliche Öl in einer Pfanne erhitzen und die beiseitegelegten Petersilienblätter darin 1 Minute frittieren. Herausnehmen und auf Küchenpapier abtropfen lassen.

5 Die Penne in ein Sieb abgießen, abtropfen lassen und sofort mit der Kräuter-Käse-Sauce mischen. Mit den frittierten Petersilienblättern und nach Belieben mit Schnittlauchhalmen garniert servieren.

# Linguine
## mit Balsamico-Linsen

### Zutaten

250 g braune Linsen
2 Tomaten · 1 Möhre
1 Stange Staudensellerie
2 Knoblauchzehen · 4 EL Olivenöl
1 Zwiebel (in feine Würfel geschnitten)
1 grüne Chilischote
(in feine Streifen geschnitten)
⅛ l trockener Weißwein
Salz · Pfeffer aus der Mühle
2 EL Aceto balsamico
400 g Linguine
1 Bund Rucola

### Zubereitung
FÜR 4 PERSONEN

1 Die Linsen waschen und knapp mit Wasser bedeckt über Nacht einweichen.

2 Die Tomaten überbrühen, häuten, vierteln, entkernen und in Würfel schneiden. Die Möhre putzen, schälen und ebenfalls in Würfel schneiden. Den Sellerie putzen, waschen und in feine Scheiben schneiden. Den Knoblauch schälen und in feine Würfel schneiden. Das Öl erhitzen, Knoblauch, Zwiebel und Chili darin andünsten.

3 Die Linsen mit dem Einweichwasser und den Wein hinzufügen und alles 30 Minuten köcheln lassen. 10 Minuten vor Ende der Garzeit das vorbereitete Gemüse dazugeben. Mit Salz, Pfeffer und Aceto balsamico würzen.

4 Die Linguine nach Packungsanweisung in reichlich kochendem Salzwasser bissfest garen. Den Rucola verlesen, waschen und trocken schütteln, grobe Stiele entfernen. Die Linguine abgießen und abtropfen lassen, die Balsamico-Linsen und den Rucola untermischen.

# Spaghetti
## mit sizilianischem Gemüse

*Ein buntes Pasta-Vergnügen aus Süditalien: Bei diesem Rezept sind geschmorte Paprikaschoten mit feiner Essignote der Clou*

## Zutaten

je 200 g rote, grüne und gelbe Paprikaschoten
250 g Zwiebeln
4 EL Olivenöl
3 EL Rotweinessig
240 g geschälte Tomaten (aus der Dose)
1 EL Aceto balsamico
Zucker · Salz
Pfeffer aus der Mühle
400 g Spaghetti
4 EL eingelegte Kapern
50 g Pecorino (am Stück)

## Zubereitung
### FÜR 4 PERSONEN

1. Die Paprikaschoten längs halbieren, entkernen, waschen und in etwa 2 cm große Rauten schneiden. Die Zwiebeln schälen und längs in breite Scheiben schneiden.

2. In einem großen Topf das Öl erhitzen, die Zwiebeln und die Paprikastücke darin einige Minuten andünsten. Den Essig und die Tomaten dazugeben, die Tomaten mit einer Gabel grob zerkleinern. Den Gemüse-Sugo mit Aceto balsamico, Zucker, Salz und Pfeffer kräftig abschmecken und bei schwacher Hitze etwa 15 Minuten köcheln lassen.

3. Inzwischen die Spaghetti nach Packungsanweisung in reichlich kochendem Salzwasser bissfest garen.

4. Die Kapern zu dem Gemüse-Sugo geben und untermischen. Die Sauce noch etwas ziehen lassen.

5. Die Spaghetti in ein Sieb abgießen und abtropfen lassen. Mit dem Gemüse-Sugo anrichten und den Pecorino mit dem Sparschäler in feinen Spänen darüberhobeln. Nach Belieben mit Thymianzweigen garnieren.

## Tipp

Noch aromatischer wird der Gemüse-Sugo, wenn Sie einige getrocknete, in Öl eingelegte Tomaten klein schneiden und unterrühren. Wer es scharf mag, gibt eine gehackte rote Chilischote dazu.

# Spaghettini
## mit getrockneten Tomaten

*Ein Pasta-Gericht, das süchtig macht: Sonnenverwöhnte Tomaten und frischer Portulak sorgen für ein einzigartiges Aroma*

## Zutaten

400 g Frühlingszwiebeln
3 Knoblauchzehen
200 g getrocknete Tomaten (in Öl)
400 g Spaghettini · Salz
4 EL Olivenöl
Pfeffer aus der Mühle
80 g Portulak
50 g Pecorino (am Stück)

## Zubereitung
### FÜR 4 PERSONEN

1 Die Frühlingszwiebeln putzen, waschen und in feine Ringe schneiden. Den Knoblauch schälen und in feine Würfel schneiden. Die getrockneten Tomaten auf Küchenpapier abtropfen lassen und in Streifen schneiden.

2 Die Spaghettini nach Packungsanweisung in reichlich kochendem Salzwasser bissfest garen.

3 Inzwischen das Öl in einem großen Topf erhitzen. Den Knoblauch, die getrockneten Tomaten und die Frühlingszwiebeln darin etwa 8 Minuten dünsten, mit Salz und Pfeffer würzen.

4 Den Portulak waschen, trocken schütteln und die Blätter abzupfen. Die Spaghettini in ein Sieb abgießen und abtropfen lassen, dabei etwas Kochwasser auffangen. Die Spaghettini mit dem Nudelwasser in den Topf zu den Tomaten geben, gut untermischen und kurz erwärmen. Mit dem Portulak garnieren und den Pecorino mit dem Sparschäler in feinen Spänen darüberhobeln.

## Tipp

Portulakblätter sollten möglichst frisch verwendet und nicht erhitzt werden. Da das Kraut leicht salzig schmeckt, empfiehlt es sich, die Pasta-Sauce nur vorsichtig zu würzen.

# Spaghetti
## mit Avocado-Limetten-Sauce

### Zutaten

400 g Spaghetti · Salz

3 reife Avocados

Saft von 2 Limetten

1 Bund Koriander

5 Frühlingszwiebeln

1/8 l Gemüsebrühe

Saft von 1/2 Orange

Pfeffer aus der Mühle

1 Msp. Cayennepfeffer

### Zubereitung
#### FÜR 4 PERSONEN

1. Die Spaghetti nach Packungsanweisung in reichlich kochendem Salzwasser bissfest garen.

2. Inzwischen die Avocados längs halbieren und den Kern entfernen. Die Avocadohälften schälen und in Würfel schneiden. Einige Avocadowürfel für die Deko beiseitelegen und mit etwa 3 EL Limettensaft beträufeln.

3. Den Koriander waschen, trocken schütteln und die Blätter abzupfen. Die Frühlingszwiebeln putzen, waschen und in Ringe schneiden. Jeweils 1 bis 2 EL für die Deko beiseitelegen. Die restlichen Korianderblätter mit den Frühlingszwiebeln, den Avocadowürfeln und dem restlichen Limettensaft mit dem Stabmixer fein pürieren. Die Brühe und den Orangensaft unter das Avocadopüree mixen. Mit Salz, Pfeffer und Cayennepfeffer würzen.

4. Die Spaghetti in ein Sieb abgießen und abtropfen lassen. Mit der Avocado-Limetten-Sauce mischen, mit den beiseitegelegten Avocadowürfeln, Korianderblättern und Frühlingszwiebelringen garnieren.

# Spaghetti
## mit Brokkoli-Pistazien-Creme

## Zutaten

500 g Brokkoli · Salz
400 g Spaghetti
1 Schalotte
2 EL Olivenöl
400 ml Gemüsebrühe
150 g Crème fraîche
50 g gemahlene Pistazien
Pfeffer aus der Mühle
1 EL Zitronensaft
2 EL eingelegte Kapern

## Zubereitung

### FÜR 4 PERSONEN

1. Den Brokkoli putzen, waschen und in Röschen teilen. Die Brokkoliröschen in kochendem Salzwasser 7 Minuten bissfest garen (den Strunk anderweitig verwenden). In ein Sieb abgießen, kalt abschrecken und abtropfen lassen. Ein Viertel der Brokkoliröschen grob hacken.

2. Die Spaghetti nach Packungsanweisung in reichlich kochendem Salzwasser bissfest garen.

3. Inzwischen die Schalotte schälen und in feine Würfel schneiden. Das Öl in einer großen Pfanne erhitzen und die Schalotte darin andünsten. Den gehackten Brokkoli dazugeben und kurz mitdünsten. Brühe, Crème fraîche und die gemahlenen Pistazien hinzufügen, aufkochen lassen und mit dem Stabmixer pürieren. Die Creme mit Salz, Pfeffer und Zitronensaft abschmecken und den restlichen Brokkoli unterheben.

4. Die Spaghetti in ein Sieb abgießen, abtropfen lassen und mit der Brokkoli-Pistazien-Creme mischen. Mit den Kapern und nach Belieben mit grob gehackten Pistazien bestreuen.

# Spaghetti
## mit grünem Spargel

*Kleiner Aufwand, große Wirkung: Mit grünem Spargel in sahniger Sauce können Sie schnell und unkompliziert nicht nur Ihre Gäste verwöhnen*

## Zutaten

1 kg grüner Spargel
2 Schalotten
400 g Spaghetti · Salz
2 EL Butter
200 ml Gemüsebrühe
200 g Mascarpone
Pfeffer aus der Mühle
1 Kästchen Kresse

## Zubereitung
### FÜR 4 PERSONEN

1 Den Spargel waschen und die holzigen Enden abschneiden. Die Spargelstangen im unteren Drittel schälen und in etwa 4 cm lange Stücke schneiden. Die Schalotten schälen und in feine Würfel schneiden.

2 Die Spaghetti nach Packungsanweisung in reichlich kochendem Salzwasser bissfest garen.

3 Inzwischen die Butter in einem Topf zerlassen und die Schalotten darin andünsten. Den Spargel dazugeben und kurz mitdünsten. Die Brühe dazugießen und den Mascarpone unterrühren. Bei schwacher Hitze etwa 10 Minuten köcheln lassen, mit Salz und Pfeffer würzen.

4 Die Spaghetti in ein Sieb abgießen und abtropfen lassen. Die Kresse kalt abbrausen und die Blättchen abschneiden. Die Nudeln mit der Sauce mischen, die Kresseblättchen unterheben oder auf den angerichteten Nudeln als Sträußchen garnieren.

## Tipp

Den Mascarpone kann man durch Doppelrahmfrischkäse ersetzen. Zusätzliche Würze bekommt die Sauce, wenn Sie Frischkäse mit Kräutern, schwarzem Pfeffer oder Meerrettich verwenden.

# Farfalle
## mit Sauerampfersauce

*Pasta-Fantasie in Grün und Weiß: Sauerampfer und Schmetterlingsnudeln eignen sich ideal, um kulinarisch den Frühling einzuläuten*

## Zutaten

1 große Salatgurke
50 g Sauerampfer
400 g Farfalle · Salz
2 EL Butter
4 EL geschälte Pistazien
150 g Sahnejoghurt
2 EL Limettensaft
Pfeffer aus der Mühle
1 unbehandelte Limette

## Zubereitung
### FÜR 4 PERSONEN

1 Die Gurke waschen, längs halbieren und mit einem Teelöffel die Kerne entfernen. Das Fruchtfleisch in Streifen schneiden. Den Sauerampfer waschen und trocken schütteln. Einige Blätter für die Deko beiseitelegen, den Rest in sehr feine Streifen schneiden.

2 Die Farfalle nach Packungsanweisung in reichlich kochendem Salzwasser bissfest garen.

3 Inzwischen die Butter in einer großen Pfanne zerlassen und die Gurkenstreifen darin 5 Minuten dünsten. Die Pistazien im Blitzhacker mahlen. Mit dem Sahnejoghurt und dem Limettensaft mischen und unter die Gurkenstreifen rühren. Mit Salz und Pfeffer kräftig abschmecken.

4 Die Farfalle in ein Sieb abgießen, abtropfen lassen und mit der Joghurtsauce mischen. Mit den beiseitegelegten Sauerampferblättern anrichten und die Sauerampferstreifen darüberstreuen. Die Limette heiß waschen, trocken reiben und in Spalten schneiden. Die Farfalle mit den Limettenspalten und nach Belieben mit einigen Limettenzesten und gehackten Pistazien garniert servieren.

## Tipp

Die klein geschnittenen Sauerampferblätter können ihr feines, erfrischendes Aroma noch besser entfalten, wenn sie vor dem Servieren kurz in heißem Öl angedünstet werden.

# Spaghetti
## mit Rucola-Pesto

*Grünes Aromawunder: Als Salatkraut längst bekannt und beliebt, ist der würzige Rucola jetzt auch als Pesto der Shooting-Star*

### Zutaten

2 EL Pinienkerne
1 großes Bund Rucola
1 EL eingelegte Kapern
5 EL Olivenöl
30 g Parmesan (am Stück)
Salz · Pfeffer aus der Mühle
200 g grüne Bohnen
400 g Spaghetti

### Zubereitung
FÜR 4 PERSONEN

1  Die Pinienkerne in einer beschichteten Pfanne ohne Fett leicht anrösten. Den Rucola verlesen, waschen und trocken schütteln. Die groben Stiele entfernen und die Blätter in Stücke zupfen.

2  Pinienkerne, Rucola, Kapern und Öl im Blitzhacker oder mit dem Stabmixer fein pürieren. Den Parmesan fein reiben und unterrühren. Das Pesto mit Salz und Pfeffer würzen.

3  Von den Bohnen die Enden abknipsen und dabei eventuell vorhandene Fäden abziehen. Die Bohnen waschen, in größere Stücke brechen und in kochendem Salzwasser etwa 10 Minuten garen. In ein Sieb abgießen, kalt abschrecken und abtropfen lassen.

4  Die Spaghetti nach Packungsanweisung in reichlich kochendem Salzwasser bissfest garen. 2 EL Nudelkochwasser unter das Pesto rühren. Die Spaghetti abgießen und abtropfen lassen.

5  Die Spaghetti, die Bohnen und das Rucola-Pesto gut mischen und sofort servieren.

### Tipp

Zur Abwechslung kann das Pesto auch mit Cashewkernen oder Haselnüssen zubereitet werden. Ersetzt man 2 EL Olivenöl durch Haselnussöl, wird das Nussaroma zusätzlich intensiviert.

# Orecchiette
## mit Rucola und Ricotta

### Zutaten

400 g Orecchiette · Salz

1 Bund Rucola

2 rote Zwiebeln

1 Knoblauchzehe

3 EL Olivenöl

100 g Ricotta

100 g Scamorza (ital. Weichkäse; ersatzweise Mozzarella)

Pfeffer aus der Mühle

### Zubereitung
#### FÜR 4 PERSONEN

1 Die Orecchiette nach Packungsanweisung in reichlich kochendem Salzwasser bissfest garen.

2 Inzwischen den Rucola verlesen, waschen und trocken schütteln. Die groben Stiele entfernen und die Blätter in Stücke zupfen. Die Zwiebeln schälen und in Spalten schneiden. Den Knoblauch schälen und in feine Würfel schneiden. Das Öl in einer Pfanne erhitzen und den Knoblauch darin andünsten.

3 Die Zwiebeln dazugeben und einige Minuten mitdünsten. Zwei Drittel des Rucolas dazugeben und ebenfalls kurz mitdünsten. Den Ricotta unterrühren, alles einmal aufkochen lassen.

4 Den Scamorza grob reiben. Die Orecchiette in ein Sieb abgießen, abtropfen lassen und unter die Sauce mischen. Den restlichen Rucola und den Scamorza über die Nudeln geben, Pfeffer grob darübermahlen.

# Rigatoni
## mit Tomaten und Auberginen

### Zutaten

400 g Rigatoni · Salz
1 mittelgroße Aubergine
2 Knoblauchzehen
1 rote Chilischote
150 g geschälte Tomaten
(aus der Dose)
4 EL Olivenöl
Pfeffer aus der Mühle
2 EL gehacktes Basilikum
50 g geriebener Parmesan

### Zubereitung
#### FÜR 4 PERSONEN

1 Die Rigatoni nach Packungsanweisung in reichlich kochendem Salzwasser bissfest garen.

2 Inzwischen die Aubergine putzen und waschen, zunächst längs in etwa 1 cm breite Scheiben, dann in Würfel schneiden. Den Knoblauch schälen. Die Chilischote längs halbieren, entkernen und waschen. Beides in feine Würfel schneiden. Die Dosentomaten mit einer Gabel grob zerkleinern.

3 Das Öl erhitzen und die Auberginenwürfel darin unter Rühren goldbraun braten, mit Salz und Pfeffer würzen. Knoblauch, Chili und Tomaten unter die gebratenen Auberginenwürfel mischen und bei schwacher Hitze köcheln lassen.

4 Die Rigatoni in ein Sieb abgießen und abtropfen lassen. Die Nudeln mit dem Basilikum unter die Auberginensauce mischen. Mit Parmesan bestreuen und nach Belieben mit Basilikumblättern garniert servieren.

# Penne
## mit Peperoni-Mango-Sauce

*Immer für eine Überraschung gut: Peperoni und exotische Mango sorgen für fruchtig-scharfe Abwechslung auf dem Pasta-Teller*

## Zutaten

3 Eiertomaten

3 EL Olivenöl

Meersalz

Pfeffer aus der Mühle

250 g Penne · Salz

2 grüne Peperoni

1 Schalotte

1 Knoblauchzehe

½ Mango

2–3 EL trockener Weißwein

3 EL Gemüsebrühe

2 EL schwarze Oliven

## Zubereitung
### FÜR 2 PERSONEN

1. Den Backofen auf 180 °C vorheizen. Die Tomaten überbrühen, häuten, vierteln und entkernen. Die Tomatenfilets auf ein Backblech legen, mit 2 EL Öl beträufeln und mit Meersalz und Pfeffer würzen. Die Tomaten im Backofen auf der mittleren Schiene etwa 7 Minuten garen.

2. Die Penne nach Packungsanweisung in reichlich kochendem Salzwasser bissfest garen.

3. Inzwischen die Peperoni längs halbieren, entkernen, waschen und in feine Streifen schneiden. Die Schalotte schälen und in feine Ringe schneiden. Den Knoblauch schälen und in feine Würfel schneiden. Die Mango schälen, das Fruchtfleisch zunächst in breiten Streifen vom Stein und dann in Würfel schneiden.

4. Die Schalottenwürfel im restlichen Öl andünsten, die Peperoni und den Knoblauch dazugeben und kurz mitdünsten. Mit Salz und Pfeffer würzen und mit dem Wein ablöschen. Die Brühe hinzufügen und einkochen lassen. Die Mangowürfel dazugeben und mitkochen, bis sie leicht zerfallen.

5. Die Penne in ein Sieb abgießen, abtropfen lassen und mit der Peperoni-Mango-Sauce vermischen. Die Oliven und die Tomatenfilets dazugeben, mit Meersalz und Pfeffer abschmecken.

# Farfalle
## mit Parmesanschaum

*Wenn Schäume Träume sind: Mit einer feinen Parmesansauce wird ein einfaches Pasta-Gericht selbst für Gourmets zum Fest*

### Zutaten

1 Zwiebel
2 EL Olivenöl
12–15 getrocknete Tomaten
200 ml Gemüsebrühe
300 g Farfalle · Salz
1 EL kalte Butter
Pfeffer aus der Mühle
½ Bund Basilikum
60 g Parmesan (am Stück)
¼ l Milch

### Zubereitung
FÜR 2 PERSONEN

1 Die Zwiebel schälen und in feine Spalten schneiden. In einem kleinen Topf 1 EL Öl erhitzen und die Zwiebel darin andünsten. Die getrockneten Tomaten mit einem scharfen Messer ebenfalls in Streifen schneiden. Zu den Zwiebeln geben, kurz mitandünsten und mit der Brühe ablöschen. Einmal aufkochen lassen, vom Herd nehmen und zugedeckt beiseitestellen.

2 Die Farfalle nach Packungsanweisung in reichlich kochendem Salzwasser bissfest garen. Abgießen und abtropfen lassen.

3 Die getrockneten Tomaten im Sud erneut erhitzen, die Farfalle dazugeben, untermischen und noch etwas köcheln lassen. Die eiskalte Butter und das restliche Öl untermischen, sodass die Sauce leicht sämig wird. Mit Salz und Pfeffer abschmecken.

4 Das Basilikum waschen und trocken schütteln, die Blätter abzupfen, in feine Streifen schneiden und zuletzt unter die Farfalle heben.

5 Den Parmesan fein reiben. In einem kleinen Topf die Milch aufkochen und mit 1 Prise Salz würzen. Vom Herd nehmen, den Parmesan hinzufügen, unterrühren und mit dem Stabmixer schaumig aufschlagen. Die Farfalle mit dem Parmesanschaum anrichten und sofort servieren.

### Tipp

Getrocknete Paprikaschoten haben ein ähnlich würziges Aroma wie getrocknete Tomaten. Sie sind mittlerweile in vielen Supermärkten erhältlich und eine tolle Variante oder Ergänzung für dieses Gericht.

# Spaghetti mit Radicchio

## Zutaten

400 g Spaghetti · Salz

1 Kopf Radicchio

12 getrocknete Tomaten (in Öl)

2 EL Butter

50 g Parmesan (am Stück)

Cayennepfeffer

2 EL Aceto balsamico

Pfeffer aus der Mühle

## Zubereitung
### FÜR 4 PERSONEN

1. Die Spaghetti nach Packungsanweisung in reichlich kochendem Salzwasser bissfest garen.

2. Inzwischen den Radicchio putzen und waschen, den harten Strunk entfernen und die Blätter in Streifen schneiden. Die getrockneten Tomaten auf Küchenpapier abtropfen lassen und in Würfel schneiden.

3. Die Butter in einer großen Pfanne zerlassen und den Radicchio darin andünsten. Die Tomatenwürfel dazugeben und 1 Minute mitdünsten.

4. Den Parmesan fein reiben oder mit dem Sparschäler in feine Späne hobeln.

5. Die Spaghetti in ein Sieb abgießen und abtropfen lassen, in die Pfanne geben und gut untermischen. Mit Salz, Cayennepfeffer und Essig abschmecken. Mit dem Parmesan bestreuen und Pfeffer grob darübermahlen.

# Fettuccine
## mit Kürbis und Sellerie

### Zutaten

2 Stangen Staudensellerie
1 Stange Lauch
300 g Kürbisfruchtfleisch
(z. B. Muskatkürbis)
1 Schalotte · 2 EL Butter
Saft von ½ Orange
100 ml Gemüsebrühe
400 g Fettuccine · Salz
150 g Sahne
Pfeffer aus der Mühle
frisch geriebene Muskatnuss

### Zubereitung
#### FÜR 4 PERSONEN

1 Sellerie und Lauch putzen und waschen. Den Lauch längs halbieren und ebenso wie die Selleriestangen und das Kürbisfruchtfleisch in mundgerechte Stücke schneiden. Die Schalotte schälen und in feine Würfel schneiden.

2 Die Butter in einer großen Pfanne zerlassen, Sellerie, Lauch und Schalotte darin etwa 3 Minuten andünsten. Die Kürbisstücke hinzufügen und 5 Minuten mitdünsten. Den Orangensaft und die Brühe dazugießen und bei schwacher Hitze etwa 15 Minuten einkochen lassen.

3 Inzwischen die Fettuccine nach Packungsanweisung in reichlich kochendem Salzwasser bissfest garen. In ein Sieb abgießen, nur kurz abtropfen lassen und zurück in den Topf geben.

4 Die Sahne halbsteif schlagen und unter das Kürbisgemüse rühren. Mit Salz, Pfeffer und Muskatnuss abschmecken. Die Sauce zu den Nudeln in den Topf geben und gut untermischen. Nach Belieben mit Selleriegrün garniert servieren.

# Pappardelle
## mit Zwiebelsauce

*Hier macht sich Genuss breit: Pappardelle lassen ihren Partnern viel »Raum«, um ihren Geschmack und ihr Aroma voll zu entfalten*

## Zutaten

2 grüne Paprikaschoten
1 Bund Petersilie
8 Stiele Basilikum
4 Sardellenfilets (in Öl)
180 ml Olivenöl
Salz · Pfeffer aus der Mühle
400 g Pappardelle
6 rote Zwiebeln
2 Zweige Rosmarin
2–3 EL trockener Rotwein
200 ml Gemüsebrühe
2 Lorbeerblätter
240 g Ziegenfrischkäse

## Zubereitung
### FÜR 4 PERSONEN

1 Die Paprikaschoten längs halbieren, entkernen und waschen. Die Paprikahälften mit dem Sparschäler schälen und in grobe Stücke schneiden. Die Petersilie und das Basilikum waschen, trocken schütteln und die Blätter abzupfen.

2 Die Sardellenfilets trocken tupfen, mit den Paprikastücken, 160 ml Öl und etwas Salz im Blitzhacker oder mit dem Stabmixer fein pürieren. Die Petersilien- und Basilikumblätter und – falls nötig – noch etwas Öl untermixen. Die Salsa verde mit Salz und Pfeffer würzen.

3 Die Pappardelle nach Packungsanweisung in reichlich kochendem Salzwasser bissfest garen.

4 Inzwischen die Zwiebeln schälen und in feine Spalten schneiden. Den Rosmarin waschen und trocken schütteln. Die Zwiebeln im restlichen Öl andünsten und mit dem Wein ablöschen. Die Brühe dazugießen, die Sauce mit Salz und Pfeffer würzen. Die Lorbeerblätter und die Rosmarinzweige dazugeben und die Zwiebelsauce zugedeckt bei mittlerer Hitze etwa 7 Minuten kochen lassen. Lorbeer und Rosmarin entfernen und die Sauce mit Salz und Pfeffer abschmecken.

5 Die Pappardelle in ein Sieb abgießen und abtropfen lassen. Mit der Zwiebelsauce mischen und die Salsa verde darüberträufeln. Den Ziegenfrischkäse zerbröckeln, über die Nudeln geben und Pfeffer grob darübermahlen.

## Tipp

Für noch mehr Aroma kann man die Zwiebeln auch mit Sherry oder Aceto balsamico andünsten. Wenn Sie den Essig verwenden, sollten Sie wegen der Säure noch etwas Zucker oder Honig hinzufügen.

# Orecchiette
## mit Brokkoli und Chili

*Kontaktbörse auf dem Teller: Wenn sich zarter Brokkoli mit Hütchennudeln trifft, kommt es garantiert zu einem Happy End*

## Zutaten

500 g Brokkoli
1 rote Chilischote
1 Knoblauchzehe
2 EL Olivenöl
200 ml Gemüsebrühe
250 g Orecchiette · Salz
50 g Parmesan (am Stück)
4–5 Sardellenfilets (in Öl)
Pfeffer aus der Mühle

## Zubereitung
### FÜR 2 PERSONEN

1. Den Brokkoli putzen, waschen und in Röschen teilen (den Strunk anderweitig verwenden). Die Chilischote längs halbieren, entkernen, waschen und in feine Würfel schneiden. Den Knoblauch schälen und ebenfalls in feine Würfel schneiden.

2. Das Öl in einer großen Pfanne erhitzen, Knoblauch und Chili darin andünsten. Den Brokkoli dazugeben und kurz mitdünsten. Die Brühe angießen und die Brokkoliröschen 6 bis 8 Minuten garen.

3. Inzwischen die Orecchiette nach Packungsanweisung in reichlich kochendem Salzwasser bissfest garen.

4. Den Parmesan fein reiben. Die Sardellenfilets trocken tupfen, fein hacken und unter den Brokkoli mischen, mit Salz und Pfeffer abschmecken.

5. Die Orecchiette in ein Sieb abgießen, abtropfen lassen und mit dem Brokkoli mischen. Mit Parmesan bestreut servieren.

## Tipp

Statt mit Sardellenfilets kann man den Brokkoli auch mit Parmaschinken zubereiten: 3 Schinkenscheiben in Stücke zupfen, in einer Pfanne ohne Fett knusprig braten und unter das Gemüse mischen.

# Nudelfleckerl
## mit Weißkohl und Frischkäse

### Zutaten

400 g Lasagneblätter
Salz · 1 EL Öl
600 g Weißkohl
1 Zwiebel
100 g durchwachsener
geräucherter Speck
1 EL Puderzucker
1 EL Weißweinessig
½ TL ganzer Kümmel
Pfeffer aus der Mühle
150 g körniger Frischkäse

### Zubereitung
#### FÜR 4 PERSONEN

1. Die Lasagneblätter in reichlich kochendem Salzwasser bissfest garen. Mit dem Schaumlöffel herausnehmen, kalt abschrecken und nebeneinander auf einem Küchentuch abtropfen lassen. In größere Rechtecke schneiden.

2. Den Weißkohl putzen, halbieren und den Strunk entfernen. Die Blätter ablösen und die groben Rippen herausschneiden. Die Kohlblätter waschen und in rechteckige Stücke in der Größe der Nudelstücke schneiden. Die Zwiebel schälen und wie den Speck in feine Würfel schneiden.

3. Das Öl in einer großen Pfanne erhitzen und den Speck darin anbraten. Den Puderzucker darüberstäuben und karamellisieren. Die Zwiebel dazugeben und etwa 2 Minuten mitbraten, mit dem Essig ablöschen.

4. Die Weißkohlstücke und den Kümmel untermischen und zugedeckt bei mittlerer Hitze etwa 20 Minuten nicht ganz weich schmoren. Falls nötig, noch etwas Wasser dazugeben. Die Nudelstücke untermischen und erwärmen, mit Salz und Pfeffer abschmecken. Die Nudelfleckerl auf Teller verteilen, den Frischkäse darübergeben und sofort servieren.

# Nudelfleckerl
## mit Spitzkohl

### Zutaten

Für die Nudelfleckerl:

250 g Mehl

100 g Hartweizengrieß

3 Eier · 1 Eigelb

2–3 EL Olivenöl · Salz

Mehl für die Arbeitsfläche

Außerdem:

¼ Spitzkohl · 2 EL Öl

100 ml Gemüsebrühe

Salz · Pfeffer aus der Mühle

gemahlener Kümmel

½ TL Paprikapulver (edelsüß)

2 EL kalte Butter

### Zubereitung
FÜR 4 PERSONEN

1 Für die Nudelfleckerl alle Zutaten zu einem glatten, elastischen Teig verkneten. In Frischhaltefolie wickeln und 30 Minuten kühl stellen.

2 Den Teig mit der Nudelmaschine oder dem Nudelholz auf der bemehlten Arbeitsfläche dünn ausrollen. Aus dem Teig mit einem gezackten Teigrad Dreiecke von 4 cm Seitenlänge schneiden. Die Nudelfleckerl in reichlich kochendem Salzwasser 3 Minuten sehr bissfest garen. Abgießen, kalt abschrecken und abtropfen lassen.

3 Den Spitzkohl putzen, die äußeren Blätter und den Strunk entfernen. Die Blätter waschen und in 2 bis 3 cm große Rauten schneiden. Das Öl in einer großen Pfanne erhitzen und den Kohl darin anbraten. Die Brühe dazugießen und etwas einköcheln lassen. Den Spitzkohl mit Salz und Pfeffer würzen.

4 Die Nudelfleckerl untermischen und erwärmen. Mit Salz, Pfeffer, 1 Prise Kümmel und Paprikapulver abschmecken. Die Butter unterrühren und die Nudelfleckerl nach Belieben mit gehackter Petersilie bestreut servieren.

# Casarecce
## mit Spinat-Pesto

*Es geht auch ohne Basilikum: Bei diesem Pesto bieten Petersilie und junger Spinat als Hauptdarsteller eine oskarreife Leistung*

## Zutaten

Für das Pesto:
80 g junger Blattspinat
1 EL Mandelblättchen
1 Bund Petersilie · Salz
1 Knoblauchzehe
1 EL geriebener Parmesan
60 ml Olivenöl
50 g zerlassene Butter
1–2 EL Zitronensaft

Außerdem:
400 g Casarecce (oder Penne)
Salz
1 Knoblauchzehe
150 ml Gemüsebrühe
Pfeffer aus der Mühle
150 g Cocktailtomaten
1 EL Olivenöl
80 g geriebener Parmesan

## Zubereitung
### FÜR 4 PERSONEN

1 Für das Pesto die Spinatblätter verlesen, waschen und trocken schleudern, grobe Stiele entfernen. Die Mandelblättchen in einer beschichteten Pfanne ohne Fett goldbraun rösten und abkühlen lassen. Die Petersilie waschen, trocken schütteln und die Blätter abzupfen. Die Petersilie in kochendem Salzwasser 1 Minute blanchieren, in ein Sieb abgießen, kalt abschrecken und mit den Händen gut ausdrücken. Den Knoblauch schälen und halbieren.

2 Spinatblätter, Mandeln, Petersilie, Knoblauch, Parmesan, Öl und Butter im Blitzhacker oder mit dem Stabmixer zu einer feinen Paste pürieren. Das Spinat-Pesto mit Salz und Zitronensaft abschmecken.

3 Die Casarecce nach Packungsanweisung in reichlich kochendem Salzwasser sehr bissfest garen. Den Knoblauch schälen und in Scheiben schneiden. Die Casarecce in ein Sieb abgießen, kurz abtropfen lassen und wieder in den Topf geben. Die Brühe und den Knoblauch dazugeben und kurz erhitzen. Das Spinat-Pesto untermischen und die Nudeln mit Pfeffer würzen.

4 Die Cocktailtomaten waschen und halbieren. Das Öl in einer Pfanne erhitzen und die Tomaten darin bei schwacher Hitze erwärmen. Mit Salz und Pfeffer würzen. Die Nudeln mit den Cocktailtomaten anrichten, mit Parmesan bestreut servieren.

## Tipp

Eine andere außergewöhnliche Variante ist Feldsalat-Pesto. Dafür den Spinat einfach durch die gleiche Menge Feldsalat und die Mandelblättchen durch gehackte Haselnüsse ersetzen.

# Spaghetti
## mit Tomatensauce

*Paradiesische Zustände: »Pomodori« und Spaghetti präsentieren sich auch bei dieser klassischen Variante als ein unschlagbares Duo*

### Zutaten

800 g Tomaten
3 Frühlingszwiebeln
2 Knoblauchzehen
½ Bund Basilikum
400 g Spaghetti
Salz · 2 EL Olivenöl
2 EL Tomatenmark
2 EL Aceto balsamico
100 ml Gemüsebrühe
100 ml trockener Weißwein
Pfeffer aus der Mühle
50 g geriebener Parmesan

### Zubereitung
FÜR 4 PERSONEN

1 Die Tomaten überbrühen, häuten, vierteln, entkernen und in Würfel schneiden. Die Frühlingszwiebeln putzen und waschen, das Grün in Ringe, das Weiße in feine Würfel schneiden. Das Basilikum waschen, trocken schütteln und die Blätter abzupfen. Einige Blätter für die Deko beiseitelegen, den Rest in feine Streifen schneiden.

2 Die Spaghetti nach Packungsanweisung in reichlich kochendem Salzwasser bissfest garen.

3 Inzwischen das Öl in einem Topf erhitzen, die Frühlingszwiebel- und Knoblauchwürfel darin andünsten. Die Tomaten hinzufügen, das Tomatenmark unterrühren. Mit Aceto balsamico ablöschen, die Brühe und den Wein dazugießen. Die Tomatensauce mit Salz, Pfeffer und nach Belieben 1 Prise Zucker würzen und etwa 10 Minuten sämig einkochen lassen.

4 Die Basilikumstreifen und das Frühlingszwiebelgrün unter die Sauce rühren und nochmals abschmecken. Die Spaghetti abgießen und abtropfen lassen. Mit der Tomatensauce anrichten, mit Parmesan bestreuen und mit Basilikum garnieren.

### Tipp

Besonders fein wird die Tomatensauce, wenn man die Hälfte der Gemüsebrühe durch Weißwein ersetzt. Die Sauce kann man übrigens auch in größeren Mengen zubereiten und einfrieren.

# Tagliolini
## mit Zucchini und Tomaten

*Der Liebling der Saison: Mit sonnengereiften Tomaten und Zucchiniraspeln präsentiert sich die Pasta im leichten Sommer-Outfit*

## Zutaten

400 g Tagliolini · Salz

4 Knoblauchzehen

200 g Cocktailtomaten

200 g Zucchini

1 Bund Petersilie

5 EL Olivenöl

Pfeffer aus der Mühle

50 g geriebener Pecorino

## Zubereitung
### FÜR 4 PERSONEN

1. Die Tagliolini nach Packungsanweisung in reichlich kochendem Salzwasser bissfest garen.

2. Inzwischen den Knoblauch schälen und in feine Scheiben schneiden. Die Cocktailtomaten waschen und halbieren. Die Zucchini putzen, waschen und auf der Gemüsereibe fein raspeln. Die Petersilie waschen und trocken schütteln, die Blätter abzupfen und fein hacken.

3. Das Öl in einer großen Pfanne erhitzen, Knoblauch, Petersilie und nach Belieben 1 TL Chiliflocken darin unter Rühren andünsten. Die Cocktailtomaten und Zucchiniraspel dazugeben und kurz mitdünsten.

4. Die Tagliolini in ein Sieb abgießen und abtropfen lassen, dabei 1/8 l Kochwasser auffangen. Das Kochwasser unter das Gemüse rühren, mit Salz und Pfeffer würzen. Die Nudeln dazugeben und gut untermischen. Mit Pecorino bestreut servieren.

## Tipp

Cocktail- oder Kirschtomaten sind noch aromatischer als ihre großen Verwandten. Damit sie ihr Aroma behalten, werden sie in diesem Rezept nicht gekocht, sondern nur kurz mitgedünstet.

# Tagliatelle
## mit Pilzen und Rucola-Pesto

### Zutaten

½ Bund Basilikum

1 Bund Rucola

1 Knoblauchzehe

50 g Pinienkerne

50 g geriebener Parmesan

⅛ l Olivenöl

Salz · Pfeffer aus der Mühle

400 g Tagliatelle

150 g Champignons

1 EL Zitronensaft

### Zubereitung
#### FÜR 4 PERSONEN

1 Das Basilikum waschen, trocken schütteln und die Blätter abzupfen. Den Rucola verlesen, waschen und trocken schütteln, grobe Stiele entfernen. Den Knoblauch schälen und halbieren. Basilikum, Rucola, Knoblauch, Pinienkerne, Parmesan und etwa 100 ml Öl im Blitzhacker oder mit dem Stabmixer zu einer feinen Paste pürieren. Mit Salz und Pfeffer würzen.

2 Die Tagliatelle nach Packungsanweisung in reichlich kochendem Salzwasser bissfest garen.

3 Inzwischen die Champignons putzen, trocken abreiben und in Scheiben schneiden. Das restliche Öl in einer Pfanne erhitzen und die Pilze darin unter Rühren scharf anbraten. Mit Salz, Pfeffer und Zitronensaft würzen.

4 Die Tagliatelle in ein Sieb abgießen und abtropfen lassen, dabei etwa 4 EL Kochwasser auffangen.

5 Das Pesto mit dem Nudelwasser glatt rühren und mit den gebratenen Pilzen unter die Tagliatelle mischen. Nach Belieben Parmesan mit dem Sparschäler in feinen Spänen darüberhobeln.

# Fusilli
## mit dicken Bohnen

### Zutaten

250 g frische, dicke grüne Bohnenkerne

Salz

2 EL Zitronensaft

Pfeffer aus der Mühle

50 ml Olivenöl

400 g Fusilli

2 dünne Stangen Lauch

2 EL Butter

einige Stiele Zitronenmelisse

### Zubereitung

FÜR 4 PERSONEN

1 Die Bohnenkerne in kochendem Salzwasser 3 Minuten blanchieren, in ein Sieb abgießen und abtropfen lassen. Zitronensaft, Salz, Pfeffer und Öl verrühren und die blanchierten Bohnen darin etwa 30 Minuten marinieren.

2 Die Fusilli nach Packungsanweisung in reichlich kochendem Salzwasser bissfest garen.

3 Inzwischen den Lauch putzen, waschen und in 1 cm breite Ringe schneiden. Die Butter in einem Topf zerlassen und den Lauch darin andünsten. Mit Salz und Pfeffer würzen, 100 ml Wasser dazugießen und den Lauch zugedeckt bei mittlerer Hitze etwa 5 Minuten garen. Die Zitronenmelisse waschen und trocken schütteln, die Blätter abzupfen und fein hacken.

4 Die Fusilli in ein Sieb abgießen und abtropfen lassen. Die Nudeln mit den Bohnen samt Marinade, dem Lauch und der Zitronenmelisse mischen und nach Belieben mit Zitronenzesten garniert servieren.

# Spaghetti
## mit Pilzen und Minze

*Perfekt unter einen Hut gebracht: Pilze aller Art und frische Minze – diese Gaumenfreude sollte man sich nicht entgehen lassen*

## Zutaten

600 g gemischte frische Pilze (je nach Saison Shiitake-Pilze, Champignons, Austernpilze, Pfifferlinge oder Steinpilze)
3 Stiele Minze
400 g Spaghetti · Salz
2 Schalotten
4 EL Olivenöl
1 Knoblauchzehe
Pfeffer aus der Mühle

## Zubereitung
### FÜR 4 PERSONEN

1 Die Pilze putzen und mit Küchenpapier trocken abreiben. Kleinere Pilze ganz lassen oder halbieren. Bei größeren Pilzen die Stiele aus den Hüten drehen und klein schneiden. Die Pilzhüte quer in Scheiben schneiden.

2 Die Minze waschen, trocken schütteln und die Blätter abzupfen. Einige Minzeblätter für die Deko beiseitelegen, den Rest fein hacken.

3 Die Spaghetti nach Packungsanweisung in reichlich kochendem Salzwasser bissfest garen.

4 Inzwischen die Schalotten schälen und in feine Würfel schneiden. Das Öl in einer Pfanne erhitzen und die Schalotten darin andünsten. Die Pilze dazugeben und kurz mitdünsten.

5 Den Knoblauch schälen und in feine Würfel schneiden. Mit der gehackten Minze hinzufügen und alles einige Minuten bei schwacher Hitze garen. Mit Salz und Pfeffer würzen.

6 Die Spaghetti in ein Sieb abgießen und abtropfen lassen. Mit dem Pilzragout mischen und mit den Minzeblättern garnieren.

## Tipp

Pilze sollten Sie auf keinen Fall waschen, denn sie saugen sich rasch mit Wasser voll und verlieren dadurch an Aroma. In der Regel reicht es, Pilze mit Küchenpapier trocken abzureiben.

# Farfalle
## mit Steinpilzsauce

*Der König unter den Speisepilzen hält Hof: Vor allem in Norditalien veredeln die »funghi porcini« Pizza, Risotto und Nudelgerichte*

### Zutaten

350 g Farfalle · Salz

400 g Steinpilze

1 Zwiebel

1 EL Butter

¼ l Hühnerbrühe

50 g Sahne

Pfeffer aus der Mühle

gemahlener Kümmel

½ TL abgeriebene
unbehandelte Zitronenschale

1 EL gehackte Petersilie

### Zubereitung
#### FÜR 4 PERSONEN

1. Die Farfalle nach Packungsanweisung in reichlich kochendem Salzwasser bissfest garen.

2. Inzwischen die Steinpilze putzen, mit Küchenpapier trocken abreiben und in nicht zu dünne Scheiben schneiden. Die Zwiebel schälen und in feine Würfel schneiden.

3. Die Butter in einer Pfanne zerlassen und die Zwiebelwürfel darin andünsten. Die Pilze dazugeben und 1 bis 2 Minuten mitbraten. Die Brühe und die Sahne hinzufügen und etwas einköcheln lassen. Mit Salz, Pfeffer, 1 Prise Kümmel, Zitronenschale und Petersilie würzen.

4. Die Farfalle in ein Sieb abgießen, abtropfen lassen und mit der Steinpilzsauce mischen. Nach Belieben mit Petersilie garniert servieren.

### Tipp

Wenn frische Steinpilze sehr teuer sind, können Sie mit getrockneten nachhelfen. Diese nach Packungsanweisung einweichen, garen und mit der Brühe in die Pfanne geben. So reichen 200 g Frischpilze.

# Makkaroni
## mit Spinat-Ricotta-Sauce

### Zutaten

450 g junger Blattspinat

Salz

400 g Makkaroni

2 EL Olivenöl

2 Knoblauchzehen

Pfeffer aus der Mühle

frisch geriebene Muskatnuss

50 g Rosinen

3 EL Pinienkerne

1 EL Butter

150 g Ricotta

### Zubereitung
#### FÜR 4 PERSONEN

1. Die Spinatblätter verlesen, waschen und trocken schleudern, grobe Stiele entfernen. In kochendem Salzwasser kurz blanchieren, in ein Sieb abgießen und kalt abschrecken. Mit den Händen gut ausdrücken und grob hacken.

2. Die Makkaroni nach Packungsanweisung in reichlich kochendem Salzwasser bissfest garen.

3. Inzwischen das Öl in einem Topf erhitzen und den gehackten Spinat darin kurz andünsten. Den Knoblauch schälen, in feine Würfel schneiden und dazugeben. Den Spinat mit Salz, Pfeffer und Muskatnuss würzen. Die Rosinen unter den Spinat rühren und kurz mitdünsten.

4. Die Pinienkerne in einer beschichteten Pfanne ohne Fett goldbraun rösten.

5. Die Makkaroni in ein Sieb abgießen und abtropfen lassen. In einer großen Schüssel mit der Butter und dem Spinat vermischen. Die Pinienkerne und den grob zerkleinerten Ricotta darübergeben und vor dem Servieren alles nochmals gut mischen.

# Tagliatelle
## mit Artischocken und Salbei

### Zutaten

12 junge kleine Artischocken
Saft von 1 Zitrone
2 Zucchini
1 Bund Petersilie
4 Schalotten
4 Knoblauchzehen
400 g Tagliatelle · Salz
2 EL Butter
150 ml trockener Weißwein
12 Salbeiblätter
2 EL Olivenöl
Pfeffer aus der Mühle

### Zubereitung
FÜR 4 PERSONEN

1 Die Artischocken waschen, die Stiele und die äußeren, trockenen Blätter entfernen. In einem großen Topf 2 l Wasser mit dem Zitronensaft aufkochen, die Artischocken darin etwa 20 Minuten garen. In ein Sieb abgießen, abtropfen lassen und längs in Scheiben schneiden.

2 Die Zucchini putzen, waschen und in feine Stifte schneiden oder raspeln. Die Petersilie waschen und trocken schütteln, die Blätter abzupfen und fein hacken. Schalotten und Knoblauch schälen und in feine Würfel schneiden.

3 Die Tagliatelle nach Packungsanweisung in reichlich kochendem Salzwasser bissfest garen.

4 Die Butter in einer Pfanne zerlassen und die Artischocken darin anbraten. Schalotten, Knoblauch und Zucchini dazugeben und mitbraten. Mit dem Wein ablöschen. Petersilie, Salbeiblätter und Öl untermischen.

5 Die Tagliatelle in ein Sieb abgießen, nur kurz abtropfen lassen und zurück in den Topf geben. Die Artischocken und die Sauce untermischen, mit Pfeffer würzen und sofort servieren.

# Spaghetti
## mit Zucchini und Zitrone

*Scharf gemacht: Knoblauch und Cayennepfeffer heizen bei diesem Rezept sanften Nudeln und Zucchinistücken so richtig ein*

### Zutaten

1 Zwiebel
2 Knoblauchzehen
1 Zucchino (ca. 250 g)
6 getrocknete Tomaten (in Öl)
1 unbehandelte Zitrone
400 g Spaghetti · Salz
4 EL Olivenöl
Pfeffer aus der Mühle
Cayennepfeffer
2 EL gehackte Petersilie

### Zubereitung
FÜR 4 PERSONEN

1 Die Zwiebel und den Knoblauch schälen und in feine Würfel schneiden. Den Zucchino putzen, waschen, längs vierteln und in kleine Stücke schneiden.

2 Die getrockneten Tomaten auf Küchenpapier abtropfen lassen und in Würfel schneiden. Die Zitrone heiß waschen und trocken reiben. Mit dem Zestenreißer für die Deko einige Zitronenzesten abziehen, die restliche Schale fein abreiben und den Saft auspressen.

3 Die Spaghetti nach Packungsanweisung in reichlich kochendem Salzwasser bissfest garen.

4 Inzwischen das Öl in einer großen Pfanne erhitzen und die Zucchinistücke darin anbraten. Aus der Pfanne nehmen. Die Zwiebel- und Knoblauchwürfel in die Pfanne geben und andünsten. Die Zucchinistücke wieder dazugeben, Tomaten und 1 EL Zitronenschale hinzufügen, mit Salz und Pfeffer würzen und etwa 2 Minuten dünsten. Mit Zitronensaft abschmecken.

5 Die Spaghetti in ein Sieb abgießen und abtropfen lassen. Mit den Zucchinistücken und der Petersilie mischen, mit Salz, Pfeffer und Cayennepfeffer abschmecken. Mit den Zitronenzesten garnieren und sofort servieren.

### Tipp

Dieses Gericht lässt sich nordafrikanisch abwandeln: Würzen Sie die Zucchini dafür nach Geschmack mit Kreuzkümmel, Paprikapulver und Koriander und servieren Sie gebratene Hähnchenbrustfilets dazu.

# Safrannudeln
## mit grünem Gemüse

### Zutaten

Für die Nudeln:

350 g Mehl

4 Eigelb · 2 Eier

Salz · 1 Msp. gemahlener Safran

Mehl für die Arbeitsfläche

Für das Gemüse:

150 g Brokkoli · ½ Zucchino

100 g Zuckerschoten

100 g grüner Spargel

Salz · 4 EL Butter

6–8 EL Gemüsebrühe

1 Döschen Safranfäden

Pfeffer aus der Mühle

50 g geriebener Parmesan

### Zubereitung
#### FÜR 4 PERSONEN

1 Aus Mehl, Eigelben, Eiern, ½ TL Salz, Safran und 1 EL warmem Wasser einen glatten, elastischen Teig kneten. Den Teig zu einer Kugel formen und in Frischhaltefolie gewickelt etwa 30 Minuten ruhen lassen.

2 Inzwischen das Gemüse putzen und waschen. Den Brokkoli in Röschen teilen, den Strunk schälen. Den Zucchino längs vierteln und in Würfel schneiden. Von den Zuckerschoten die Enden abknipsen. Den Spargel im unteren Drittel schälen und schräg in Stücke schneiden.

3 In einem Topf ausreichend Salzwasser erhitzen, das Gemüse darin nacheinander blanchieren. Kalt abschrecken und abtropfen lassen.

4 Den Teig mit der Nudelmaschine oder dem Nudelholz auf der bemehlten Arbeitsfläche dünn ausrollen und in breite Streifen schneiden. In reichlich kochendem Salzwasser bissfest garen, in ein Sieb abgießen und abtropfen lassen. Die Butter in einem Topf zerlassen und das Gemüse hineingeben. Die Brühe angießen, den Safran dazugeben, mit Salz und Pfeffer würzen. Die Nudeln und den Parmesan untermischen. Nach Belieben mit Schnittlauchhalmen garnieren.

# Penne
## mit Artischocken

### Zutaten

400 g Penne · Salz
10–12 kleine eingelegte
Artischocken
(aus dem Feinkostladen)
1 Knoblauchzehe
3 EL Olivenöl
5 EL trockener Weißwein
1 TL Dijon-Senf
Pfeffer aus der Mühle
einige Stiele Dill und Estragon
50 g Parmesan (am Stück)

### Zubereitung
FÜR 4 PERSONEN

1 Die Penne nach Packungsanweisung in reichlich kochendem Salzwasser bissfest garen.

2 Inzwischen die Artischocken abtropfen lassen und längs in Scheiben schneiden. Den Knoblauch schälen und in feine Würfel schneiden.

3 Das Öl in einer großen Pfanne erhitzen und die Artischocken darin anbraten. Den Wein dazugeben, die Artischocken bei schwacher Hitze kurz köcheln lassen. Den Senf unterrühren, mit Salz und Pfeffer würzen.

4 Die Kräuter waschen und trocken schütteln, die Blätter bzw. Spitzen abzupfen und fein hacken. Den Parmesan fein reiben.

5 Die Penne in ein Sieb abgießen und abtropfen lassen. Die Nudeln mit den Kräutern unter die Artischocken mischen. Mit dem Parmesan bestreut servieren.

# Conchiglie
## mit Paprika und Schafskäse

*Es muss nicht immer italienisch sein: Mit Paprika, Ajvar und Schafskäse bekommen die Nudeln hier volle Balkan-Power zu spüren*

## Zutaten

2 rote Paprikaschoten
½ Bund Thymian
1 EL mildes Ajvar
(Fertigprodukt; siehe Tipp)
1 TL Tomatenmark
50 ml Gemüsebrühe
Salz · Pfeffer aus der Mühle
500 g Conchiglie
1 TL Olivenöl
150 g Schafskäse (Feta)

## Zubereitung
### FÜR 4 PERSONEN

1 Die Paprikaschoten längs halbieren, entkernen, waschen und in Streifen schneiden. Den Thymian waschen und trocken schütteln. Ajvar, Tomatenmark und Brühe in einer kleinen Schüssel verrühren, mit Salz und Pfeffer würzen.

2 Die Conchiglie nach Packungsanweisung in reichlich kochendem Salzwasser bissfest garen.

3 Inzwischen das Öl in einer großen Pfanne erhitzen und die Paprikastreifen darin mit dem Thymian anbraten. Die Ajvar-Brühe-Mischung dazugießen und die Paprika etwa 7 Minuten bei mittlerer Hitze weich dünsten.

4 Die Conchiglie in ein Sieb abgießen und abtropfen lassen. Den Thymian entfernen und die Conchiglie mit den Paprikastreifen mischen. Mit Salz und Pfeffer abschmecken. Den Schafskäse zerbröckeln und über die Nudeln streuen, nach Belieben mit Thymianblättchen garnieren.

## Tipp

Ajvar ist eine Paprikapaste aus Südosteuropa. Bei der Herstellung werden gehäutete Paprikaschoten einige Stunden bei schwacher Hitze gedünstet, bis daraus eine konzentrierte, würzige Paste entsteht.

# Fusilli
## mit Tomaten und Oliven

*Sizilianische Hausmannskost: Die würzige Tomatensauce mit Oliven würde Ihnen so auch »la mamma« in Palermo servieren*

### Zutaten

400 g vollreife Tomaten

400 g bunte Fusilli · Salz

1 Zwiebel

1 Knoblauchzehe

3 EL Olivenöl

Pfeffer aus der Mühle

2 TL Aceto balsamico

50 g schwarze Oliven

½ Bund Basilikum

50 g Parmesan (am Stück)

### Zubereitung
#### FÜR 4 PERSONEN

1. Die Tomaten überbrühen, häuten, vierteln, entkernen und in Würfel schneiden.

2. Die Fusilli nach Packungsanweisung in reichlich kochendem Salzwasser bissfest garen.

3. Die Zwiebel und den Knoblauch schälen und in feine Würfel schneiden. Das Öl erhitzen, die Schalotten- und Knoblauchwürfel darin andünsten. Die Tomaten dazugeben, mit Salz, Pfeffer und Aceto balsamico würzen. Alles zugedeckt bei mittlerer Hitze etwa 8 Minuten köcheln lassen.

4. Die Oliven abtropfen lassen, vierteln und entsteinen. Das Basilikum waschen, trocken schütteln und die Blätter abzupfen. Einige Blätter für die Deko beiseitelegen, den Rest fein hacken und mit den Oliven unter die Tomatensauce heben.

5. Die Fusilli in ein Sieb abgießen und abtropfen lassen. Mit der Tomatensauce anrichten und den Parmesan mit dem Sparschäler in feinen Spänen darüberhobeln. Mit den Basilikumblättern garniert servieren.

### Tipp

Fusilli sehen aus wie kleine Korkenzieher und können aufgrund ihrer Form besonders gut Sauce aufnehmen. Orangefarbene Fusilli sind mit Tomatenmark oder Roter Bete gefärbt, grüne mit Spinat.

# Pasta mit Fisch & Fleisch

# Strozzapreti
## mit Lachs-Sahne-Sauce

*Fishing for compliments: Nudeln mit Räucherlachs und sahniger Kräutersauce garantieren Ihnen den Applaus Ihrer Gäste*

## Zutaten

400 g Strozzapreti
(oder Pennette)
Salz
1 Bund gemischte Kräuter
(z.B. Basilikum,
Oregano, Rosmarin)
1 EL Butter
250 g Sahne
2 EL Zitronensaft
400 g Räucherlachs
(in Scheiben)
Pfeffer aus der Mühle

## Zubereitung
### FÜR 4 PERSONEN

1 Die Strozzapreti nach Packungsanweisung in reichlich kochendem Salzwasser bissfest garen.

2 Inzwischen die Kräuter waschen und trocken schütteln, die Blätter bzw. Nadeln abzupfen. Einige Blätter für die Deko beiseitelegen, den Rest fein hacken.

3 Die Butter in einer Pfanne zerlassen und die gehackten Kräuter darin kurz andünsten. Die Sahne und den Zitronensaft dazugeben und etwa 4 Minuten leicht einköcheln lassen.

4 Den Lachs in Streifen schneiden, die Hälfte der Lachsstreifen kurz in der Sauce erwärmen. Mit Salz und Pfeffer abschmecken.

5 Die Strozzapreti in ein Sieb abgießen und abtropfen lassen. Mit der Sauce mischen, mit den beiseitegelegten Kräutern und den restlichen Lachsstreifen garniert servieren.

## Tipp

Wenn es einmal etwas ganz Besonderes sein soll, können Sie die Kräuter durch Brunnenkresse ersetzen und die Nudeln mit Kapuzinerkresseblüten garnieren.

# Conchiglie
## mit Forelle und Fenchel

*Die richtigen Nudeln zum Abtauchen: Ganz stilecht gehen hier Muschelnudeln in einem Forellenragout mit Anisaroma baden*

## Zutaten

2 Stangen Lauch
1 Fenchelknolle
1 Bund Estragon
400 g Conchiglie
Salz · 2 EL Butter
4 EL Anisschnaps
(z. B. Pernod)
6 EL Sahne
4 geräucherte Forellenfilets (ca. 500 g)
Pfeffer aus der Mühle

## Zubereitung
### FÜR 4 PERSONEN

1 Lauch und Fenchel putzen, waschen und in dünne Scheiben schneiden. Das Fenchelgrün für die Deko beiseitelegen.

2 Den Estragon waschen, trocken schütteln und die Blätter abzupfen. Einige Blätter für die Deko beiseitelegen, den Rest fein hacken.

3 Die Conchiglie nach Packungsanweisung in reichlich kochendem Salzwasser bissfest garen.

4 Inzwischen die Butter in einem Topf zerlassen, die Lauch- und Fenchelscheiben darin etwa 4 Minuten andünsten. Den Anisschnaps und die Sahne dazugeben und die Gemüsesauce bei schwacher Hitze 5 Minuten köcheln lassen.

5 Die Forellenfilets schräg in etwa 1 cm breite Stücke schneiden. Die Fischstücke und den gehackten Estragon in die Sauce geben und kurz ziehen lassen, mit Salz und Pfeffer abschmecken.

6 Die Conchiglie in ein Sieb abgießen und abtropfen lassen. Mit dem Forellenragout anrichten, mit dem Fenchelgrün und den Estragonblättern garniert servieren.

## Tipp

Eine raffinierte Variante für das Forellenragout: Statt der Fenchelknolle je 1 Bund Rucola und Petersilie verwenden und die Sauce mit Zitronensaft anstelle von Anisschnaps abschmecken.

# Linguine
## mit Lachs und Käsesauce

*Ins Netz gegangen: Wenn Nudeln von cremiger Käsesauce und edlem Fisch umschmeichelt werden, kann kaum jemand widerstehen*

### Zutaten

1 Zwiebel
2 Knoblauchzehen
1 rote Chilischote
150 g Gruyère (am Stück)
2 EL Butter
100 ml trockener Weißwein
1/8 l Gemüsebrühe
150 g Crème fraîche
Salz · Pfeffer aus der Mühle
400 g Linguine
400 g Lachsfilet
3 EL Zitronensaft
2 EL Schnittlauchröllchen

### Zubereitung
FÜR 4 PERSONEN

1 Die Zwiebel und den Knoblauch schälen und in feine Würfel schneiden. Die Chilischote längs halbieren, entkernen, waschen und in feine Streifen schneiden. Den Gruyère fein reiben.

2 In einem Topf 1 EL Butter zerlassen, die Zwiebel- und Knoblauchwürfel darin andünsten. Den Wein und die Brühe dazugießen und einmal aufkochen. Den Käse und die Crème fraîche unterrühren und alles 5 Minuten köcheln lassen. Mit Salz und Pfeffer würzen.

3 Die Linguine nach Packungsanweisung in reichlich kochendem Salzwasser bissfest garen.

4 Den Lachs waschen, trocken tupfen und in Streifen schneiden. Die restliche Butter in einer Pfanne zerlassen, den Lachs mit den Chilistreifen dazugeben und auf jeder Seite 2 bis 3 Minuten braten. Mit Salz, Pfeffer und Zitronensaft würzen.

5 Die Linguine in ein Sieb abgießen, abtropfen lassen und mit der Käsesauce mischen. Mit dem Lachs anrichten und mit den Schnittlauchröllchen bestreuen. Nach Belieben Pfeffer grob darübermahlen.

### Tipp

Junger Blattspinat ist eine ideale Ergänzung für dieses Gericht. 200 g Spinat verlesen, waschen und trocken schleudern, grobe Stiele entfernen. Den Spinat in der Käsesauce gar ziehen lassen.

# Vollkornspaghetti
## mit Räucherlachs und Rucola

### Zutaten

1 grüne Peperoni

1 Knoblauchzehe

400 g Räucherlachs
(in Scheiben)

1 Bund Rucola

2 EL Pinienkerne

400 g Vollkornspaghetti

Salz · 80 ml Olivenöl

2 EL Zitronensaft

Pfeffer aus der Mühle

frisch geriebene Muskatnuss

### Zubereitung
#### FÜR 4 PERSONEN

1 Die Peperoni längs halbieren, entkernen, waschen und in Streifen schneiden. Den Knoblauch schälen und in feine Würfel schneiden. Den Lachs in Streifen schneiden. Den Rucola verlesen, waschen und trocken schütteln, die groben Stiele entfernen. Die Pinienkerne in einer beschichteten Pfanne ohne Fett anrösten.

2 Die Spaghetti nach Packungsanweisung in reichlich kochendem Salzwasser bissfest garen.

3 Inzwischen 2 EL Öl in einer Pfanne erhitzen, die Peperoni und den Knoblauch darin andünsten. Den Zitronensaft dazugeben und weitere 4 Minuten dünsten. Das restliche Öl hinzufügen und die Sauce mit dem Stabmixer pürieren. Den Lachs in der Sauce kurz erwärmen. Mit Salz, Pfeffer und Muskatnuss abschmecken.

4 Die Spaghetti in ein Sieb abgießen und abtropfen lassen. Die Nudeln und den Rucola mit der Sauce mischen. Mit den Pinienkernen bestreut servieren.

# Spaghetti
## mit Lachs und Meerrettich

### Zutaten

200 g Spaghetti · Salz
2 Lachsfilets (à ca. 150 g)
Pfeffer aus der Mühle
1 EL Mehl · 1 EL Olivenöl
2 EL saure Sahne
1 TL Meerrettich (aus dem Glas)
1 Msp. Safranfäden
1 kleines Stück geschälte
Meerrettichwurzel

### Zubereitung
#### FÜR 2 PERSONEN

1. Die Spaghetti nach Packungsanweisung in reichlich kochendem Salzwasser bissfest garen.

2. Inzwischen die Lachsfilets waschen und trocken tupfen. Mit Salz und Pfeffer würzen, auf einer Seite mit Mehl bestäuben. Das Öl in einer beschichteten Pfanne erhitzen. Die Filets darin bei schwacher Hitze auf der bemehlten Seite etwa 8 Minuten braten, bis der Lachs auf dieser Seite kross und innen noch leicht glasig ist.

3. Die Spaghetti in ein Sieb abgießen und abtropfen lassen, dabei 80 ml Nudelwasser auffangen.

4. Die saure Sahne, den Meerrettich und den Safran in einer großen Pfanne erhitzen, aber nicht kochen lassen. Die Spaghetti mit dem Nudelwasser dazugeben und alles gut mischen. Mit Salz und Pfeffer abschmecken. Den Lachs auf den Spaghetti anrichten, mit frisch geriebenem Meerrettich und nach Belieben mit Schnittlauchhalmen garniert servieren.

# Farfalle
## mit Sesam-Thunfisch

*Das Beste aus zwei kulinarischen Welten: Thunfisch aus der Sushi-Küche gibt sich mit italienischer Pasta ein köstliches Stelldichein*

## Zutaten

2 Limetten
(davon 1 unbehandelt)
½ rote Chilischote
1 Knoblauchzehe
200 g Farfalle · Salz
200 g Thunfischfilet
(Sushi-Qualität)
Pfeffer aus der Mühle
2 EL schwarze Sesamsamen
2 EL Olivenöl
1 EL Butter
Fleur de Sel (Meersalz; siehe Tipp)

## Zubereitung
### FÜR 2 PERSONEN

1 Die unbehandelte Limette heiß waschen, trocken reiben und mit dem Zestenreißer die Hälfte der Schale abziehen. Beide Limetten so großzügig schälen, dass auch die weiße Haut mit entfernt wird. Die Fruchtfilets aus den Trennhäuten schneiden. Die Chilischote entkernen und waschen. Den Knoblauch schälen und ebenso wie die Chilischote in feine Würfel schneiden.

2 Die Farfalle nach Packungsanweisung in reichlich kochendem Salzwasser bissfest garen.

3 Inzwischen den Thunfisch waschen und trocken tupfen. Mit Pfeffer würzen und im Sesam wenden. Das Öl in einer Pfanne erhitzen und den Thunfisch darin auf beiden Seiten kurz und scharf anbraten, sodass er innen noch roh ist. Herausnehmen und beiseitestellen.

4 Die Butter in einer Pfanne zerlassen, Chili und Knoblauch darin andünsten. Limettenfilets und -schale dazugeben und kurz mitdünsten.

5 Die Farfalle in ein Sieb abgießen und kurz abtropfen lassen. In die Pfanne geben und mit den Limetten mischen, mit Salz und Pfeffer abschmecken.

6 Den Thunfisch in dünne Scheiben schneiden. Mit etwas Fleur de Sel bestreuen und auf den Nudeln anrichten.

## Tipp

Fleur de Sel ist das edelste Meersalz. Das flockige Salz wird von Hand abgeschöpft und hat seinen Preis, aber auch einen besonderen Geschmack. Man kann es durch normales Meersalz ersetzen.

# Schwarze Bandnudeln
## mit Calamaretti und Lavendel

*Back to black: Die mit Sepiatinte gefärbten Nudeln finden auf dem Pasta-Teller wieder mit den edlen Farbspendern zusammen*

## Zutaten

500 g Calamaretti (kleine Tintenfische)
je 1 gelbe und orangefarbene Möhre
1 kleiner Zucchino
Salz
1 Knoblauchzehe
400 g schwarze Bandnudeln
1 EL Öl
½ TL Fenchelsamen
einige Lavendelblüten (aus der Apotheke)
½ TL abgeriebene unbehandelte Zitronenschale
1 EL gehackte Petersilie
Pfeffer aus der Mühle
2 EL Olivenöl

## Zubereitung
### FÜR 4 PERSONEN

1. Kopf und Arme der Calamaretti mit den Innereien aus dem Körperbeutel ziehen und das durchsichtige Fischbein entfernen. Den Kopf von den Tintenfischarmen abtrennen und darauf achten, dass dabei auch der harte »Schnabel« entfernt wird. Von den Körperbeuteln die braunviolette Haut abziehen, die Beutel längs aufschneiden und die restlichen Innereien entfernen. Tintenfischbeutel und -arme unter fließendem kaltem Wasser waschen und trocken tupfen. Die Beutel in 3 cm große Stücke schneiden und die Arme halbieren.

2. Die Möhren putzen und schälen, den Zucchino putzen und waschen. Mit dem Kugelausstecher aus dem Gemüse kleine Kugeln ausstechen oder das Gemüse in mundgerechte Stücke schneiden. Die Möhren- und Zucchinikugeln getrennt in kochendem Salzwasser blanchieren, in ein Sieb abgießen, kalt abschrecken und abtropfen lassen. Den Knoblauch schälen und in feine Scheiben schneiden.

3. Die Bandnudeln nach Packungsanweisung in reichlich kochendem Salzwasser bissfest garen.

4. Inzwischen das Öl in einer Pfanne erhitzen, die Tintenfischstücke mit dem Fenchelsamen und dem Lavendel dazugeben und 1 Minute rundum anbraten. Knoblauch, Zitronenschale und Petersilie hinzufügen, mit Salz und Pfeffer abschmecken.

5. Die Bandnudeln in ein Sieb abgießen und abtropfen lassen. Die Tintenfischstücke mit den Gemüsekugeln unter die Nudeln mischen. Vor dem Servieren mit dem Olivenöl beträufeln.

# Makkaroni
## mit Thunfischsauce

*Verblüffend einfach und erfrischend anders: Thymian, Kapern und Zitronen geben der Thunfischsauce die typische Würze des Südens*

## Zutaten

4 EL Semmelbrösel
1 Bund Thymian
2 Knoblauchzehen
2 unbehandelte Zitronen
400 g Makkaroni · Salz
2 EL Olivenöl
2 Dosen Thunfisch (in Öl)
4 EL eingelegte Kapern
100 ml trockener Weißwein
100 ml Gemüsebrühe
Cayennepfeffer

## Zubereitung
### FÜR 4 PERSONEN

1 Die Semmelbrösel in einer beschichteten Pfanne ohne Fett goldbraun rösten und beiseitestellen. Den Thymian waschen, trocken schütteln und die Blättchen abzupfen.

2 Den Knoblauch schälen und in feine Scheiben schneiden. Die Zitronen heiß waschen, trocken reiben und die Schale dünn abschälen. Die Zitronen halbieren und den Saft auspressen, die Schale in feine Streifen schneiden.

3 Die Makkaroni nach Packungsanweisung in reichlich kochendem Salzwasser bissfest garen.

4 Inzwischen das Öl in einer Pfanne erhitzen. Die Knoblauchscheiben und jeweils die Hälfte des Thymians und der Zitronenschalenstreifen darin unter Rühren 2 Minuten andünsten. Den Thunfisch abtropfen lassen, mit einer Gabel grob zerteilen und dazugeben.

5 Kapern, 2 EL Zitronensaft, Wein und Brühe ebenfalls in die Pfanne geben. Die Sauce bei mittlerer Hitze 4 Minuten köcheln lassen. Mit Salz, Cayennepfeffer und Zitronensaft würzen.

6 Die Makkaroni in ein Sieb abgießen, abtropfen lassen und mit der Thunfisch-Zitronen-Sauce anrichten. Mit den Semmelbröseln, dem restlichen Thymian und den Zitronenschalenstreifen bestreuen.

## Tipp

Wenn Sie zusätzlich Farbe ins Spiel bringen möchten, ergänzen Sie das Gericht noch mit angedünsteten Paprikawürfeln, Cocktailtomaten oder gelben Mini-Patisson-Kürbissen.

# Spaghetti
## mit Thunfisch und Minze

### Zutaten

400 g Thunfischfilet (Sushi-Qualität)

3 große Tomaten

1 Knoblauchzehe

400 g Spaghetti · Salz

2 EL Olivenöl

50 ml trockener Weißwein

Pfeffer aus der Mühle

1 EL gehackte Minze

### Zubereitung
#### FÜR 4 PERSONEN

1. Den Thunfisch waschen, trocken tupfen und in Würfel schneiden. Die Tomaten überbrühen, häuten, vierteln, entkernen und ebenfalls in Würfel schneiden. Den Knoblauch schälen und in feine Scheiben schneiden.

2. Die Spaghetti nach Packungsanweisung in reichlich kochendem Salzwasser bissfest garen.

3. Inzwischen das Öl in einer Pfanne erhitzen und den Knoblauch darin anbraten. Den Thunfisch dazugeben und 2 Minuten mitbraten. Die Tomatenwürfel und den Wein hinzufügen, mit Salz und Pfeffer würzen und 4 bis 5 Minuten leicht köcheln lassen. Zuletzt die Minze unterrühren.

4. Die Spaghetti in ein Sieb abgießen und abtropfen lassen. Mit der Thunfischsauce anrichten.

# Spaghetti
## mit Kabeljau und Petersilie

### Zutaten

2 Knoblauchzehen
4 getrocknete Tomaten (in Öl)
400 g Kabeljaufilet
(oder anderes festfleischiges Fischfilet)
2 EL Zitronensaft
Salz · Pfeffer aus der Mühle
1 Bund Petersilie
40 g Parmesan (am Stück)
400 g Spaghetti
4 EL Olivenöl

### Zubereitung
FÜR 4 PERSONEN

1 Den Knoblauch schälen und in feine Scheiben schneiden. Die getrockneten Tomaten auf Küchenpapier abtropfen lassen und in Streifen schneiden. Das Fischfilet waschen, trocken tupfen und in mundgerechte Stücke schneiden. Die Fischstücke mit dem Zitronensaft beträufeln, mit Salz und Pfeffer würzen.

2 Die Petersilie waschen, trocken schütteln und die Blätter abzupfen. Einige Blätter für die Deko beiseitelegen, den Rest fein hacken. Den Parmesan fein reiben.

3 Die Spaghetti nach Packungsanweisung in reichlich kochendem Salzwasser bissfest garen.

4 Inzwischen 2 EL Öl in einer großen Pfanne erhitzen, den Fisch darin mit dem Knoblauch anbraten. Die Tomaten dazugeben und mitbraten.

5 Die Spaghetti in ein Sieb abgießen und abtropfen lassen, dabei 1 kleine Tasse Nudelwasser auffangen. Die Spaghetti und die Petersilie in die Pfanne geben und mit dem Fisch mischen. Das Nudelwasser und das restliche Öl untermischen. Die Spaghetti mit Pfeffer würzen und mit dem Parmesan bestreut servieren.

# Bandnudeln
## mit Jakobsmuscheln

*Eine kulinarische Offenbarung: Wenn Sie dieses Gericht auftischen, werden Ihre Gäste garantiert immer wieder zu Ihnen pilgern*

## Zutaten

½ Bund Schnittlauch
2 Stiele Basilikum
1 rote Chilischote
12 ausgelöste Jakobsmuscheln
400 g Bandnudeln
(z. B. Tagliatelle)
Salz · 4 EL Butter
Pfeffer aus der Mühle
100 g Sahne
200 ml trockener Weißwein

## Zubereitung
### FÜR 4 PERSONEN

1 Schnittlauch und Basilikum waschen und trocken schütteln. Die Basilikumblätter abzupfen und in Streifen schneiden, den Schnittlauch in feine Röllchen schneiden. Die Chilischote längs halbieren, entkernen, waschen und in feine Würfel schneiden. Die Jakobsmuscheln kalt abbrausen und mit Küchenpapier trocken tupfen.

2 Die Bandnudeln nach Packungsanweisung in reichlich kochendem Salzwasser bissfest garen.

3 Inzwischen 2 EL Butter in einer großen Pfanne zerlassen und die Muscheln darin auf jeder Seite 2 bis 3 Minuten anbraten. Mit Salz und Pfeffer würzen und herausnehmen. Die Sahne und den Wein in die Pfanne gießen, aufkochen und 5 Minuten einköcheln lassen. Die Sauce mit Salz und Pfeffer abschmecken und die Muscheln darin erwärmen.

4 Die Bandnudeln in ein Sieb abgießen und abtropfen lassen. Die Chili in einer weiteren Pfanne in der restlichen Butter kurz andünsten. Die Nudeln darin schwenken, Schnittlauch und Basilikum untermischen. Die Bandnudeln mit den Jakobsmuscheln und der Sahnesauce anrichten.

## Tipp

Jakobsmuscheln zählen zum Feinsten, was die Meere zu bieten haben. Daher findet man sie oft auf den Speisekarten von Gourmetrestaurants. Ihre Schalen eignen sich bestens als Deko für ein Fisch-Dinner.

# Spaghetti-Nester mit Langostinosauce

*Pasta de luxe: Mit einer aromatischen Weinsauce werden hier edle Krustentiere äußerst geschmackvoll in Szene gesetzt*

## Zutaten

8 große Langostinos
2 Schalotten
3 EL Olivenöl
1 EL Tomatenmark
100 ml trockener Weißwein
¼ l Gemüsebrühe
1 getrocknete rote Chilischote
2 Tomaten
1 Knoblauchzehe
1 Stiel Estragon
Salz · Pfeffer aus der Mühle
200 g Spaghetti
1 TL Butter

## Zubereitung

FÜR 2 PERSONEN

1. Die Langostinos schälen, die Schalen waschen und abtropfen lassen. Die Langostinos am Rücken entlang einschneiden und den schwarzen Darm entfernen. Die Langostinos kalt abbrausen und trocken tupfen.

2. Die Schalotten schälen und in Streifen schneiden. In einem Topf 1 EL Öl erhitzen und die Schalotten darin andünsten. Die Langostinoschalen dazugeben und rösten. Das Tomatenmark hinzufügen und kurz mitrösten. Mit dem Wein ablöschen und die Brühe angießen. Die Chilischote hinzufügen und alles sanft köcheln lassen.

3. Die Tomaten waschen und in Würfel schneiden, dabei den Stielansatz entfernen. Die Knoblauchzehe andrücken. Den Estragon waschen und trocken schütteln, die Blätter abzupfen, fein hacken und beiseitelegen. Die Tomatenwürfel, den Knoblauch und den Estragonstiel zu den Langostinoschalen geben und die Sauce weitere 20 Minuten köcheln lassen.

4. Die Sauce durch ein Sieb gießen, mit Salz und Pfeffer würzen. Nochmals aufkochen und mit dem Stabmixer das restliche Öl unterschlagen.

5. Die Spaghetti nach Packungsanweisung in reichlich kochendem Salzwasser bissfest garen.

6. Inzwischen die Butter in einer großen Pfanne zerlassen und die Langostinos darin bei schwacher Hitze anbraten. Den gehackten Estragon dazugeben und kurz mitbraten. Die Langostinos mit Salz und Pfeffer würzen.

7. Die Spaghetti in ein Sieb abgießen und abtropfen lassen. Mit einer Gabel zu Nestern aufdrehen und die Sauce darüberträufeln. Die Langostinos auf den Nudelnestern anrichten und nach Belieben mit Estragon garniert servieren.

# Spaghetti vongole
## mit Chili und Anislikör

*Willkommen im Nudelparadies: Wetten, dass Sie Spaghetti mit Venusmuscheln noch nie so raffiniert gewürzt probiert haben?*

## Zutaten

1½ kg Venusmuscheln · Salz
1 kleine Zwiebel
1 Knoblauchzehe
1 Möhre
1 Stange Staudensellerie
400 g Spaghetti
1 EL Olivenöl
50 ml trockener Weißwein
¼ l Gemüsebrühe
1 kleines Lorbeerblatt
1 TL abgeriebene unbehandelte Zitronenschale
1 kleine getrocknete Chilischote
2 cl Anislikör (z. B. Pernod)
2 EL Butter
1 EL gehackte Petersilie

## Zubereitung
### FÜR 4 PERSONEN

1 Für die Sauce die Venusmuscheln unter fließendem kaltem Wasser gründlich säubern, geöffnete Muscheln aussortieren.

2 In einem Topf etwa 200 ml Salzwasser zum Kochen bringen, die Muscheln hineingeben und zugedeckt bei mittlerer Hitze etwa 2 Minuten garen, bis sie sich öffnen. In ein Sieb abgießen und abtropfen lassen, geschlossene Muscheln aussortieren. 8 Muscheln für die Deko beiseitelegen, bei den restlichen Muscheln das Fleisch aus der Schale lösen.

3 Zwiebel und Knoblauch schälen und in feine Würfel schneiden. Die Möhre putzen, schälen und auf der Gemüsereibe in feine Scheiben hobeln. Den Sellerie putzen, waschen und in Scheiben schneiden.

4 Die Spaghetti nach Packungsanweisung in reichlich kochendem Salzwasser bissfest garen.

5 Inzwischen das Öl in einem Topf erhitzen, Zwiebel, Knoblauch, Möhre und Sellerie darin bei schwacher Hitze andünsten. Den Wein dazugießen und einkochen lassen. Die Brühe angießen. Das Lorbeerblatt, die Zitronenschale und die Chilischote hinzufügen und die Sauce knapp unter dem Siedepunkt einige Minuten ziehen lassen.

6 Die Chilischote und das Lorbeerblatt wieder aus der Sauce nehmen, den Anislikör dazugeben und nach Belieben mit Pfeffer würzen.

7 Die Spaghetti in ein Sieb abgießen, abtropfen lassen und mit der Sauce mischen. Die Butter hinzufügen, zuletzt das Muschelfleisch und die gehackte Petersilie untermischen. Nochmals mit Salz und Pfeffer abschmecken. Mit den beiseitegelegten Muscheln garniert servieren.

# Spaghetti
## mit Krabben und Zucchini

*Junges Gemüse in bester Gesellschaft: In der Beziehung von Zucchini und Krabben sorgen Dill und Curry für Abwechslung*

## Zutaten

1 Zucchino
1 Zwiebel
2 Stiele Dill
400 g Spaghetti · Salz
1 EL Butter
1 TL Currypulver
100 g Sahne
100 ml Fischfond
1 EL Crème fraîche
Cayennepfeffer
200 g Tiefseekrabben
(gegart)

## Zubereitung
### FÜR 4 PERSONEN

1 Den Zucchino putzen und waschen, zunächst längs in dünne Scheiben und dann in schmale Streifen schneiden. Die Zwiebel schälen und in feine Würfel schneiden. Den Dill waschen und trocken schütteln, die Spitzen abzupfen und fein hacken.

2 Die Spaghetti nach Packungsanweisung in reichlich kochendem Salzwasser bissfest garen.

3 Inzwischen die Butter in einer großen Pfanne zerlassen und die Zwiebelwürfel darin mit dem Currypulver andünsten. Mit der Sahne und dem Fond ablöschen, die Crème fraîche unterrühren und einige Minuten einköcheln lassen. Mit Salz und Cayennepfeffer abschmecken. Die Zucchinistreifen in die Sauce geben und weich köcheln.

4 Die Krabben und den Dill dazugeben, unterrühren und kurz ziehen lassen. Die Spaghetti in ein Sieb abgießen, abtropfen lassen und mit der Sauce vermischen. Nach Belieben mit Dill- oder Fenchelblüten garniert servieren.

## Tipp

Mehr als nur einen Hauch Exotik erhält dieses Gericht, wenn Sie statt Currypulver 1 TL Currypaste verwenden. Zu Fisch und Meeresfrüchten passt beispielsweise grüne Thai-Currypaste perfekt.

# Spaghetti
## mit Garnelen und Tomaten

*Da werden mediterrane Träume wahr: Mit Garnelen, Tomaten und Artischocken schmeckt die Pasta nach Italien und Mittelmeer*

## Zutaten

8 eingelegte Artischockenherzen (aus dem Glas)

4 große Tomaten

250 g Garnelen
(küchenfertig; bis auf das
Schwanzstück geschält)

3 Frühlingszwiebeln

400 g Spaghetti · Salz

2 EL Olivenöl

100 ml trockener Sherry

200 g Sahne

2 EL eingelegte grüne
Pfefferkörner

1 Msp. Cayennepfeffer

## Zubereitung
### FÜR 4 PERSONEN

1. Die Artischockenherzen auf Küchenpapier abtropfen lassen und der Länge nach vierteln. Die Tomaten überbrühen, häuten, vierteln, entkernen und in Würfel schneiden.

2. Die Garnelen kalt abbrausen und trocken tupfen. Die Frühlingszwiebeln putzen, waschen und in feine Ringe schneiden.

3. Die Spaghetti nach Packungsanweisung in reichlich kochendem Salzwasser bissfest garen.

4. Inzwischen das Öl in einer großen Pfanne erhitzen und die Frühlingszwiebeln darin weich dünsten. Die Garnelen und die Artischocken dazugeben und kurz mitbraten. Die Tomatenwürfel hinzufügen und ebenfalls kurz mitbraten.

5. Sherry, Sahne und grünen Pfeffer unterrühren und etwas einkochen lassen. Mit Salz und Cayennepfeffer kräftig würzen.

6. Die Spaghetti in ein Sieb abgießen und abtropfen lassen. In die Pfanne geben und mit den Garnelen mischen. Nach Belieben mit Estragonblättern garniert servieren.

## Tipp

Sherry ist ein spanischer Likörwein, der in der Regel als Aperitif getrunken wird. Zum Kochen eignet sich vor allem trockener (fino) oder halbtrockener (amontillado) Sherry.

# Lasagneblätter
## mit Gemüse und Garnelen

*Schicht für Schicht ein Genuss: Bei dieser offenen Lasagne mit Meeresfrüchten ist Hochstapeln ausnahmsweise erwünscht*

### Zutaten

4 große Möhren

1 Bund Frühlingszwiebeln

3 EL Butter

500 g Garnelen (küchenfertig)

Salz · Pfeffer aus der Mühle

8 Lasagneblätter

2 Schalotten

¼ l trockener Weißwein

200 g Crème fraîche

Saft von ½ Zitrone

### Zubereitung
FÜR 4 PERSONEN

1 Möhren und Frühlingszwiebeln putzen und schälen bzw. waschen. Die Möhren in feine Scheiben oder Würfel, die Frühlingszwiebeln schräg in Stücke schneiden. In einem Topf 2 EL Butter zerlassen und das Gemüse darin bissfest dünsten.

2 Die Garnelen kalt abbrausen, trocken tupfen, zum Gemüse geben und kurz mitgaren. Mit Salz und Pfeffer würzen und warm stellen.

3 Die Lasagneblätter in reichlich kochendem Salzwasser bissfest garen. Mit dem Schaumlöffel herausnehmen, kalt abschrecken und nebeneinander auf einem Küchentuch abtropfen lassen.

4 Die Schalotten schälen und in feine Würfel schneiden. Die restliche Butter zerlassen und die Schalottenwürfel darin andünsten. Den Wein dazugießen und auf die Hälfte einkochen lassen. Die Crème fraîche unterrühren und die Sauce nochmals 2 Minuten köcheln lassen. Mit Salz, Pfeffer und Zitronensaft abschmecken.

5 Die Lasagneblätter halbieren und je 4 halbe Blätter mit Garnelen, Gemüse und Schalottensauce auf Teller schichten.

### Tipp

Wer kein Fan von Garnelen ist, kann die Lasagne auch mit Fischfilet (z. B. Rotbarsch oder Kabeljau) zubereiten. Das Filet in mundgerechte Würfel schneiden und wie oben beschrieben garen.

# Tagliatelle
## mit Pesto und Garnelen

*Ein unschlagbares Trio: Mit Pesto, Pasta und Garnelen können selbst eilige Feierabendköche ganz leicht Eindruck machen*

### Zutaten

Für das Pesto:
1 Bund Basilikum
1 EL Pinienkerne
2 EL geriebener Parmesan
4–6 EL Olivenöl
Salz · Pfeffer aus der Mühle
1–2 TL Zitronensaft

Außerdem:
200 g Tagliatelle · Salz
2 Knoblauchzehen
2 Zweige Rosmarin
6 große Garnelen
(küchenfertig; bis auf das Schwanzstück geschält)
5 EL Olivenöl
Pfeffer aus der Mühle

### Zubereitung
FÜR 2 PERSONEN

1  Für das Pesto das Basilikum waschen, trocken schütteln und die Blätter abzupfen. Basilikum, Pinienkerne, Parmesan und 4 EL Öl im Blitzhacker oder mit dem Stabmixer fein pürieren. Eventuell noch etwas Öl hinzufügen, bis ein sämiges Pesto entsteht. Mit Salz, Pfeffer und Zitronensaft abschmecken.

2  Die Tagliatelle nach Packungsanweisung in reichlich kochendem Salzwasser bissfest garen.

3  Den Knoblauch andrücken. Den Rosmarin waschen und trocken schütteln. Die Garnelen kalt abbrausen und trocken tupfen.

4  Das Öl mit dem Knoblauch und den Rosmarinzweigen in einer Pfanne erhitzen. Die Garnelen darin auf beiden Seiten je 1 Minute anbraten. Mit Salz und Pfeffer würzen. Die Pfanne vom Herd nehmen und die Garnelen in der Resthitze glasig durchziehen lassen, dabei mehrfach mit dem heißen Öl übergießen.

5  Die Tagliatelle in ein Sieb abgießen, nur kurz abtropfen lassen und in einer Schüssel mit dem Pesto mischen. Die Garnelen auf den Tagliatelle anrichten und mit den Rosmarinzweigen garniert servieren.

### Tipp

Verwenden Sie am besten Garnelen aus ökologischer Aquakultur. Dann können Sie sicher sein, dass für die Zucht keine Mangrovenwälder in den Tropen weichen müssen und keine Antibiotika verwendet werden.

# Pappardelle
## mit Putenragout

*Wie im Ristorante: Putenbrust, mit Wein und Pilzen geschmort, ist ein Klassiker, der auch verwöhnte Genießer auf Anhieb begeistert*

## Zutaten

15 g getrocknete Steinpilze
1 Zwiebel
2 Knoblauchzehen
1 Zweig Rosmarin
450 g Putenbrustfilet
150 g Putenlebern
400 g Pappardelle · Salz
2 EL Olivenöl
1/8 l trockener Rotwein
1/4 l Gemüsebrühe
1 EL Tomatenmark
4 EL Sahne
1 TL Rotweinessig
Pfeffer aus der Mühle

## Zubereitung
### FÜR 4 PERSONEN

1 Die Steinpilze in einer kleinen Schüssel mit kochendem Wasser übergießen und einige Minuten einweichen. Die Pilze in ein Sieb abgießen, dabei das Einweichwasser auffangen.

2 Die Zwiebel und den Knoblauch schälen und in feine Würfel schneiden. Den Rosmarin waschen und trocken schütteln. Putenbrust und -lebern waschen, mit Küchenpapier trocken tupfen und in Scheiben schneiden.

3 Die Pappardelle nach Packungsanweisung in reichlich kochendem Salzwasser bissfest garen.

4 Inzwischen das Öl in einem Topf erhitzen, das Fleisch und die Lebern darin anbraten. Die Zwiebel, den Knoblauch und die Pilze dazugeben, alles etwa 3 Minuten dünsten.

5 Den Wein, die Brühe und etwa 1/8 l Pilzwasser dazugießen. Das Tomatenmark, die Sahne und den Rosmarinzweig hinzufügen und alles weitere 8 Minuten köcheln lassen. Mit Essig, Salz und Pfeffer abschmecken. Den Rosmarinzweig entfernen.

6 Die Pappardelle in ein Sieb abgießen und abtropfen lassen. Mit dem Putenragout anrichten und nach Belieben mit Rosmarinnadeln garniert servieren.

# Penne
## mit Hähnchen und Spinat

*Einfaches mit dem gewissen Etwas: Man braucht nur eine Handvoll guter Zutaten, um sich wie im siebten Pasta-Himmel zu fühlen*

### Zutaten

1 unbehandelte Zitrone
1 Knoblauchzehe
ca. 8 EL Olivenöl
2 EL gehackte Petersilie
Salz · Pfeffer aus der Mühle
100 g Champignons
1 kleiner Zucchino
200 g junger Blattspinat
2 Hähnchenbrustfilets
(à ca. 250 g)
2 EL Öl
400 g Penne

### Zubereitung
FÜR 4 PERSONEN

1 Die Zitrone heiß waschen, trocken reiben und die Schale fein abreiben. Den Saft auspressen und durch ein feines Sieb in eine kleine Schüssel gießen. Den Knoblauch schälen, in feine Würfel schneiden und dazugeben. Nach und nach das Olivenöl hinzufügen und mit dem Schneebesen oder dem Stabmixer unterschlagen. Die Zitronenschale und die Petersilie unterrühren. Die Zitronensauce mit Salz und Pfeffer abschmecken.

2 Den Backofen auf 120 °C vorheizen. Die Champignons putzen, mit Küchenpapier trocken abreiben und in Scheiben schneiden. Den Zucchino putzen, waschen, längs halbieren und ebenfalls in Scheiben schneiden.

3 Den Spinat verlesen, waschen und trocken schütteln, die groben Stiele entfernen. Die Spinatblätter in kochendem Salzwasser 3 Minuten blanchieren. In ein Sieb abgießen, kalt abschrecken und abtropfen lassen.

4 Die Hähnchenbrustfilets waschen, trocken tupfen und mit Salz und Pfeffer würzen. Das Öl in einer großen Pfanne erhitzen. Die Hähnchenbrustfilets darin kurz von beiden Seiten anbraten, in Alufolie wickeln und auf dem Ofengitter im Backofen auf der mittleren Schiene 10 bis 15 Minuten garen.

5 Inzwischen die Penne nach Packungsanweisung in reichlich kochendem Salzwasser bissfest garen.

6 Die Champignon- und Zucchinischeiben im verbliebenen Bratfett anbraten, den Spinat dazugeben und kurz mitdünsten. Die Hähnchenbrustfilets aus dem Ofen nehmen und in Scheiben schneiden.

7 Die Nudeln in ein Sieb abgießen, nur kurz abtropfen lassen und mit der Zitronensauce mischen. Das Hähnchenfleisch und das Gemüse untermischen, mit Salz und Pfeffer abschmecken.

# Rotelle
## mit Hähnchen und Petersilie

*Alles im grünen Bereich: Frittierte Petersilie krönt ein schnell gemachtes Nudelgericht, das keine Wünsche offen lässt*

### Zutaten

2 Bund Petersilie
1 große Zwiebel
400 g Rotelle · Salz
2 Hähnchenbrustfilets (à ca. 250 g)
6 EL Olivenöl
Pfeffer aus der Mühle
1 TL gehackter Ingwer
200 ml Gemüsebrühe
1 EL Zitronensaft
2 EL Mascarpone

### Zubereitung
FÜR 4 PERSONEN

1 Die Petersilie waschen und trocken schütteln. Einige Stiele für die Deko beiseitelegen, von den restlichen Stielen die Blätter abzupfen und fein hacken. Die Zwiebel schälen und in feine Würfel schneiden.

2 Die Rotelle nach Packungsanweisung in reichlich kochendem Salzwasser bissfest garen.

3 Inzwischen die Hähnchenbrustfilets waschen und trocken tupfen. In einer Pfanne 2 EL Öl erhitzen und die Hähnchenbrustfilets darin auf beiden Seiten goldbraun braten. Mit Salz und Pfeffer würzen und aus der Pfanne nehmen.

4 Die Zwiebel und den Ingwer im verbliebenen Bratfett dünsten. Die Brühe und den Zitronensaft dazugeben. Den Mascarpone unterrühren und die Sauce etwas einkochen lassen. Mit Salz und Pfeffer würzen und die gehackte Petersilie unterrühren.

5 Die Petersilienstiele kurz im restlichen Öl frittieren und auf Küchenpapier abtropfen lassen. Die Rotelle in ein Sieb abgießen und abtropfen lassen. Die Hähnchenbrustfilets in Scheiben schneiden. Die Nudeln mit der Sauce, den Hähnchenbrustscheiben und der frittierten Petersilie anrichten. Nach Belieben mit Zitronenzesten garniert servieren.

### Tipp

Die Petersilie für die Kräuter-Mascarpone-Sauce kann man auch durch die gleiche Menge Basilikum ersetzen. Für die Deko lassen sich die Basilikumblätter ebenfalls gut frittieren.

# Orecchiette
## mit Maishähnchenbrust

*Verwöhnprogramm für zwei: Nudeln machen glücklich, wird gern behauptet – hier können Sie sicher sein, dass es stimmt*

### Zutaten

2 Maishähnchenbrustfilets (à ca. 200 g)
Salz · Pfeffer aus der Mühle
1 EL Olivenöl
1 EL Honig
100 ml Gemüsebrühe
1–2 EL Aceto balsamico
100 ml Portwein
200 g Orecchiette
2 Zweige Rosmarin
1 1/2 EL Butter
2 EL Rosinen
1/2 Kopf Radicchio
1 TL brauner Zucker
1 Knoblauchzehe

### Zubereitung
#### FÜR 2 PERSONEN

1 Die Hähnchenbrustfilets waschen, trocken tupfen und in etwa 2 cm dicke Scheiben schneiden. Mit Salz und Pfeffer würzen. Das Öl in einer Pfanne erhitzen, die Hähnchenbrustfilets darin auf beiden Seiten goldbraun braten und herausnehmen. Den Honig in die Pfanne geben und karamellisieren. Mit der Brühe, dem Aceto balsamico und der Hälfte des Portweins ablöschen.

2 Die Orecchiette nach Packungsanweisung in reichlich kochendem Salzwasser bissfest garen.

3 Inzwischen den Rosmarin waschen, trocken schütteln und die Nadeln abzupfen. Mit 1/2 EL Butter, den Rosinen und den Hähnchenfilets in die Pfanne geben und den Fond 3 Minuten sämig einkochen lassen. Mit Salz und Pfeffer würzen.

4 Den Radicchio putzen, in einzelne Blätter teilen, waschen und trocken schleudern. Die Blätter in feine Streifen schneiden. Die restliche Butter mit dem Zucker zerlassen. Mit dem restlichen Portwein und der restlichen Brühe ablöschen und auf die Hälfte einkochen lassen. Den Knoblauch andrücken und mit dem Radicchio dazugeben. Mit Salz würzen und den Radicchio bei schwacher Hitze etwa 2 Minuten dünsten.

5 Die Orecchiette in ein Sieb abgießen, abtropfen lassen und mit dem Radicchio mischen. Die Hähnchenbrustscheiben auf den Nudeln anrichten und den Fond darüberträufeln.

# Tagliatelle
## mit Putenleberragout

### Zutaten

1 kleine Schalotte

1 Knoblauchzehe

1 Stange Staudensellerie

1 Möhre

2 Tomaten

200 g Putenlebern

200 g Tagliatelle · Salz

1 EL Butter

80 ml trockener Rotwein

Pfeffer aus der Mühle

½ TL Zucker

### Zubereitung
FÜR 2 PERSONEN

1  Die Schalotte und den Knoblauch schälen. Den Sellerie und die Möhre putzen und waschen bzw. schälen, das Selleriegrün für die Deko beiseitelegen. Das Gemüse in Würfel schneiden.

2  Die Tomaten überbrühen, häuten, vierteln, entkernen und in Würfel schneiden. Die Putenlebern waschen, trocken tupfen und ebenfalls in Würfel schneiden. Die Tagliatelle nach Packungsanweisung in reichlich kochendem Salzwasser bissfest garen.

3  Inzwischen die Butter in einer großen Pfanne zerlassen, die Lebern darin kurz anbraten und herausnehmen. Schalotte, Knoblauch, Sellerie und Möhre in die Pfanne geben und andünsten. Die Tomaten hinzufügen. Mit dem Wein ablöschen und bei schwacher Hitze 4 Minuten köcheln lassen.

4  Die Sauce mit Salz, Pfeffer und Zucker würzen. Die Lebern zurück in die Pfanne geben und in der Sauce etwa 3 Minuten gar ziehen lassen. Die Nudeln abgießen und abtropfen lassen, mit dem Putenleberragout anrichten und mit den Sellerieblättern garnieren.

# Bandnudeln
## mit Ochsenschwanzragout

### Zutaten

je 1 Zweig Thymian und Rosmarin
1 Möhre · 100 g Lauch
5 Zwiebeln · 4 EL Butterschmalz
1 kg Ochsenschwanz (vom Metzger in Scheiben geschnitten)
Salz · 1 EL Tomatenmark
2 Lorbeerblätter · 2 Gewürznelken
½ TL schwarze Pfefferkörner
2 Knoblauchzehen
½ l trockener Weißwein
4 EL Mehl · 100 g Sahne
⅛ l Madeira (port. Dessertwein)
400 g Bandnudeln (bissfest gegart) · Pfeffer aus der Mühle

### Zubereitung
FÜR 4 PERSONEN

1 Die Kräuter waschen und trocken schütteln. Die Möhre und den Lauch putzen und schälen bzw. waschen. Die Zwiebeln schälen. Alles in Würfel schneiden. Das Butterschmalz in einem großen Topf erhitzen und den Ochsenschwanz darin rundum kräftig anbraten, mit Salz würzen. Die Gemüsewürfel dazugeben und mitbraten.

2 Das Tomatenmark unterrühren, die Kräuter, die Lorbeerblätter, die Nelken und die zerdrückten Pfefferkörner dazugeben. Den Knoblauch schälen, ebenfalls hinzufügen und mitbraten.

3 Mehrmals 100 ml Wein angießen und jeweils einkochen lassen, so dass ein dunkler Bratenfond entsteht. Mehl darüberstäuben und anschwitzen. Das Fleisch mit Wasser bedecken, das Fett abschöpfen und den Ochsenschwanz zugedeckt bei schwacher Hitze 2 Stunden schmoren.

4 Das Fleisch herausnehmen, vom Knochen lösen und in Streifen schneiden. Die Sauce durch ein Sieb passieren, die Sahne und den Madeira dazugeben und sämig einkochen lassen. Mit Salz und Pfeffer würzen. Das Fleisch in die Sauce geben. Mit den Bandnudeln und nach Belieben mit gehäuteten Cocktailtomaten anrichten.

# Pappardelle
## mit gebratener Entenbrust

*Federvieh auf kulinarischem Höhenflug: Für diese herzhafte Pasta-Sauce ist das beste Stück der Ente gerade gut genug*

## Zutaten

150 g Gemüsezwiebeln

2 Knoblauchzehen

2 Entenbrustfilets

(à ca. 250 g)

400 g Pappardelle · Salz

6 EL Olivenöl

500 g passierte Tomaten

(aus der Dose)

200 ml Hühnerbrühe

Pfeffer aus der Mühle

2 EL Aceto balsamico

1 Bund Salbei

100 g Parmaschinken

(in Scheiben)

## Zubereitung
### FÜR 4 PERSONEN

1. Die Zwiebeln und den Knoblauch schälen und in feine Würfel schneiden. Die Entenbrustfilets waschen, trocken tupfen und die Haut abziehen, das Fleisch quer in Streifen schneiden. Nach Belieben die Entenhaut klein schneiden, in wenig Öl knusprig braten und später in die Sauce geben.

2. Die Pappardelle nach Packungsanweisung in reichlich kochendem Salzwasser bissfest garen.

3. Inzwischen 2 EL Öl in einem Topf erhitzen und die Filetstreifen darin anbraten. Die Zwiebeln und den Knoblauch hinzufügen und etwa 3 Minuten mitbraten.

4. Die Tomaten und die Brühe dazugeben. Die Sauce mit Salz, Pfeffer und Aceto balsamico würzen und aufkochen lassen.

5. Den Salbei waschen, trocken schütteln und die Blätter abzupfen. Die Salbeiblätter im restlichen Öl frittieren und auf Küchenpapier abtropfen lassen. Die Pappardelle in ein Sieb abgießen und abtropfen lassen. Mit der Sauce, dem Schinken und den Salbeiblättern anrichten.

## Tipp

Wer gern Salbei isst, kann im Nudelwasser einige Blätter mitkochen – das gibt den Pappardelle bereits ein leichtes Salbeiaroma. Genauso kann man auch mit anderen Kräutern verfahren.

# Pappardelle
## mit Entenragout

*Ente gut, alles gut! Mit diesem aromatischen Ragout kann man bei allen punkten, die deftige Schlemmergerichte lieben*

### Zutaten

2 Entenkeulen
3 Schalotten
3 EL Olivenöl
Salz · Pfeffer aus der Mühle
1 EL Tomatenmark
¼ l trockener Rotwein
6 Zweige Thymian
½ l Gemüsebrühe
400 g Pappardelle
1 Bund Rucola
50 g Parmesan (am Stück)

### Zubereitung
FÜR 4 PERSONEN

1 Von den Entenkeulen die Haut entfernen und das Fleisch vom Knochen lösen. Beides in Würfel schneiden. Die Schalotten schälen und in feine Würfel schneiden.

2 In einem Topf 2 EL Öl erhitzen, das Fleisch und die Schalotten darin anbraten. Mit Salz und Pfeffer würzen. Das Tomatenmark hinzufügen und kurz mitrösten. Den Wein angießen und einköcheln lassen. Den Thymian waschen und trocken schütteln. Die Thymianzweige mit der Brühe dazugeben und das Ragout zugedeckt bei sehr schwacher Hitze 45 bis 60 Minuten langsam gar köcheln lassen.

3 Die Pappardelle nach Packungsanweisung in reichlich kochendem Salzwasser bissfest garen.

4 Inzwischen die Entenhaut in einer kleinen Pfanne im restlichen Öl knusprig braten. Aus der Pfanne nehmen, auf Küchenpapier abtropfen lassen und mit Salz würzen. Den Rucola verlesen, waschen und trocken schütteln. Grobe Stiele entfernen und die Blätter in Stücke zupfen oder grob hacken. Den Parmesan fein reiben.

5 Die Pappardelle in ein Sieb abgießen und abtropfen lassen. Das Entenragout mit Salz und Pfeffer würzen und mit den Nudeln anrichten. Mit der Entenhaut, dem Rucola und dem Parmesan bestreuen. Nach Belieben zuletzt noch etwas Olivenöl darübertäufeln.

### Tipp

Eine Sauce ist nur so gut wie ihre Zutaten. Deshalb sollten Sie zum Kochen den Wein verwenden, den Sie später auch zum Essen servieren möchten. Hier eignet sich beispielsweise ein trockener Chianti.

# Spaghetti
## mit Zitronen-Lamm-Ragout

*Einfach buonissimo: Zusammen mit knackigem Löwenzahn und Lammfleisch erlauben Spaghetti sich hier köstliche Extravaganzen*

## Zutaten

400 g Lammfleisch (aus der Keule)
100 g durchwachsener geräucherter Speck
1 große Zwiebel
1 Knoblauchzehe
1 Bund gelber Löwenzahn
2 EL Olivenöl
$1/8$ l trockener Weißwein
$1/4$ l Gemüsebrühe
Salz · Pfeffer aus der Mühle
frisch geriebene Muskatnuss
1 TL abgeriebene unbehandelte Zitronenschale
400 g Spaghetti
150 g Crème fraîche
4–6 EL Zitronensaft

## Zubereitung
### FÜR 4 PERSONEN

1. Das Lammfleisch und den Speck in kleine Würfel schneiden. Die Zwiebel und den Knoblauch schälen und in feine Würfel schneiden. Den Löwenzahn verlesen, waschen und trocken schütteln.

2. Das Öl in einer Pfanne erhitzen, die Fleisch- und Speckwürfel darin etwa 5 Minuten braten. Den Bratensaft abgießen und beiseitestellen. Die Zwiebel- und Knoblauchwürfel in die Pfanne geben und kurz mitdünsten.

3. Den Bratensaft, den Wein und die Brühe zum Fleisch geben, mit Salz, Pfeffer, Muskatnuss und Zitronenschale würzen. Das Lammragout etwa 10 Minuten weiterköcheln lassen.

4. Die Spaghetti nach Packungsanweisung in reichlich kochendem Salzwasser bissfest garen.

5. Inzwischen die Crème fraîche und 4 EL Zitronensaft unter das Ragout rühren, bei schwacher Hitze weitere 10 Minuten köcheln lassen.

6. Das Lammragout nochmals mit Salz, Pfeffer und Zitronensaft abschmecken. Die Spaghetti in ein Sieb abgießen und abtropfen lassen. Mit dem Lammragout mischen und mit dem Löwenzahn anrichten.

## Tipp

Wenn Sie keinen gelben Löwenzahn bekommen, können Sie die Spaghetti mit Lammragout ersatzweise auch mit Rucola oder mit Brunnenkresseblättern anrichten.

# Spaghetti
## mit Parmaschinken

*Oldies, but goldies: Parmaschinken und Parmesan beweisen mal wieder, warum sie auf der ganzen Welt treue Verehrer haben*

## Zutaten

400 g Spaghetti · Salz

100 g gekochter Schinken (in Scheiben)

150 g Perlzwiebeln

1 Bund Basilikum

3 EL Olivenöl

1 Knoblauchzehe

100 g Parmesan (am Stück)

100 g Parmaschinken (in Scheiben)

Pfeffer aus der Mühle

## Zubereitung
### FÜR 4 PERSONEN

1 Die Spaghetti nach Packungsanweisung in reichlich kochendem Salzwasser bissfest garen.

2 Inzwischen den gekochten Schinken klein schneiden. Die Perlzwiebeln schälen. Das Basilikum waschen, trocken schütteln und die Blätter abzupfen. Einige Blätter für die Deko beiseitelegen, den Rest in feine Streifen schneiden.

3 Das Öl in einer großen Pfanne erhitzen, die Schinkenwürfel und die Zwiebeln darin etwa 6 Minuten anbraten. Den Knoblauch schälen, in feine Würfel schneiden und dazugeben.

4 Den Parmesan mit dem Sparschäler in grobe Späne hobeln. Die Spaghetti in ein Sieb abgießen und abtropfen lassen. Mit dem Parmaschinken und dem Parmesan – bis auf 2 EL – in die Pfanne geben und untermischen. Alles weitere 3 bis 4 Minuten braten, mit Salz und Pfeffer würzen. Zuletzt die Basilikumstreifen untermischen. Die Spaghetti mit den Basilikumblättern und dem restlichen Parmesan bestreut servieren.

## Tipp

Verwenden Sie für dieses Gericht frische Perlzwiebeln – eingelegte Zwiebeln eignen sich nicht. Die Zwiebeln lassen sich besonders gut schälen, wenn man sie 5 Minuten in kaltes Wasser legt.

# Spaghetti
## mit Tomaten und Speck

### Zutaten

4 Tomaten

100 g durchwachsener geräucherter Speck

1 Zwiebel

1 Knoblauchzehe

4 Stiele Petersilie

400 g Spaghetti · Salz

2 EL Olivenöl

50 ml trockener Weißwein

1 EL Schnittlauchröllchen

Pfeffer aus der Mühle

### Zubereitung
FÜR 4 PERSONEN

1. Die Tomaten überbrühen, häuten, vierteln, entkernen und in Würfel schneiden. Den Speck in Streifen schneiden. Die Zwiebel und den Knoblauch schälen und in feine Würfel schneiden.

2. Die Petersilie waschen und trocken schütteln. Die Blätter abzupfen und die Hälfte der Blätter fein hacken.

3. Die Spaghetti nach Packungsanweisung in reichlich kochendem Salzwasser bissfest garen.

4. Das Öl in einer großen Pfanne erhitzen. Speckstreifen, Zwiebel- und Knoblauchwürfel darin anbraten. Mit dem Wein ablöschen und die Tomaten dazugeben. Bei schwacher Hitze etwa 4 Minuten köcheln lassen.

5. Die Spaghetti in ein Sieb abgießen und abtropfen lassen. Die gehackte Petersilie und die Schnittlauchröllchen in die Sauce geben, mit Salz und Pfeffer abschmecken. Die Nudeln mit der Sauce mischen und mit den restlichen Petersilienblättern garniert servieren.

# Buchweizennudeln
## mit Lauch-Speck-Sugo

### Zutaten

Für die Nudeln:
100 g Buchweizenmehl
200 g Weizenmehl
2 Eigelbe · 1 Ei · 1 EL Öl
1 Prise Salz
Mehl für die Arbeitsfläche

Für den Sugo:
150 g Lauch · 1 Möhre
100 g Speckwürfel · 1 EL Öl
1 EL Thymianblättchen
6 EL Gemüsebrühe
1 EL Butter
Salz · Pfeffer aus der Mühle
1–2 TL Zitronensaft

### Zubereitung
FÜR 4 PERSONEN

1 Für die Nudeln alle Zutaten zu einem glatten, elastischen Teig verkneten. Mit einem Küchentuch zudecken und 30 Minuten ruhen lassen.

2 Den Teig mit der Nudelmaschine oder dem Nudelholz auf der bemehlten Arbeitsfläche dünn ausrollen, in etwa 1 cm breite Bandnudeln schneiden und 1 Stunde antrocknen lassen.

3 Für den Sugo den Lauch putzen, waschen, längs halbieren und in Stücke schneiden. Die Möhre putzen, schälen und in Würfel schneiden. Das Öl in einer Pfanne erhitzen und den Speck darin knusprig braten. Das Gemüse und den Thymian dazugeben und kurz mitbraten. Mit der Brühe ablöschen und zugedeckt 5 Minuten dünsten.

4 Die Nudeln in reichlich kochendem Salzwasser 2 bis 4 Minuten bissfest garen. In ein Sieb abgießen und abtropfen lassen. Die Sauce vom Herd nehmen und die Butter unterrühren. Mit Salz, Pfeffer und Zitronensaft abschmecken. Die Nudeln mit dem Sugo mischen und nach Belieben mit Oreganoblättern garnieren.

# Nudelrisotto
## mit Salami und Steinpilzen

*Liebe auf den ersten Biss: Was Geschmack und Raffinesse angeht, steht dieser würzige Nudelrisotto dem »Original« in nichts nach*

## Zutaten

400 g Nudeln in Reisform
(Risoni, Orzo oder Kritharaki)
Salz · 3 Schalotten
250 g grüner Spargel
200 g Steinpilze
1 Zweig Rosmarin
1 Knoblauchzehe
100 g Salami
2 EL Olivenöl
150 ml Weißwein
200 ml Gemüsebrühe
50 g Pecorino (am Stück)
Pfeffer aus der Mühle
1½ EL kalte Butter

## Zubereitung

FÜR 3–4 PERSONEN

1 Die Nudeln nach Packungsanweisung in reichlich kochendem Salzwasser sehr bissfest garen.

2 Die Schalotten schälen und in feine Würfel schneiden. Den Spargel waschen und die holzigen Enden abschneiden. Die Spargelstangen im unteren Drittel schälen und schräg in mundgerechte Stücke schneiden. Die Steinpilze putzen, mit Küchenpapier trocken abreiben und in Scheiben schneiden. Den Rosmarin waschen und trocken schütteln. Den Knoblauch andrücken. Die Salami in Streifen schneiden.

3 In einem Topf 1 EL Öl erhitzen und die Schalottenwürfel darin andünsten. Mit dem Wein ablöschen. Brühe, Knoblauch, Spargelscheiben und Rosmarin hinzufügen und aufkochen. Die Nudeln dazugeben und fertig garen. Falls nötig, noch etwas Brühe hinzufügen.

4 Den Pecorino fein reiben. Das restliche Öl erhitzen und die Steinpilze darin goldbraun braten, mit Salz und Pfeffer würzen. Die Butter und drei Viertel des Pecorino zum Nudelrisotto geben und alles cremig rühren. Die Salamistreifen hinzufügen, den Risotto mit Salz und Pfeffer abschmecken. Die Steinpilze auf dem Nudelrisotto anrichten, mit dem restlichen Pecorino bestreut servieren.

# Penne
## mit Speck und Maronen

*Wie in Südtirol: Nudeln mit krossem Speck und süßen Maronen sind ganz nach dem Geschmack von kulinarischen Gipfelstürmern*

## Zutaten

10 Maronen
80 g junger Blattspinat
Salz · 200 g Penne
2 Schalotten
2 Knoblauchzehen
50 g durchwachsener geräucherter Speck
1 EL Olivenöl
2 EL Thymianblättchen
100 g Sahne
Pfeffer aus der Mühle
1 EL Zucker
50 g geriebener Parmesan

## Zubereitung
### FÜR 2 PERSONEN

1 Den Backofen auf 250 °C vorheizen. Die Maronen kreuzweise einschneiden und im Backofen auf der mittleren Schiene rösten, bis sie weich sind. Aus dem Ofen nehmen und abkühlen lassen. Die Backofentemperatur auf 200 °C herunterschalten.

2 Den Spinat verlesen und waschen, die groben Stiele entfernen. Die Spinatblätter tropfnass mit 1 Prise Salz in einen Topf geben und bei mittlerer Hitze zusammenfallen lassen. In ein Sieb abgießen, abtropfen und etwas abkühlen lassen. Den Spinat fein hacken.

3 Die Penne nach Packungsanweisung in reichlich kochendem Salzwasser bissfest garen.

4 Inzwischen die Schalotten und den Knoblauch schälen, die Schalotten in feine Würfel, den Knoblauch in feine Scheiben schneiden. Den Speck in Würfel schneiden.

5 Das Öl in einer großen Pfanne erhitzen, Schalotten, Knoblauch, Speck und Thymian darin andünsten. Die Sahne dazugeben und aufkochen. Den Spinat unterrühren und 1 Minute köcheln lassen. Mit Salz und Pfeffer abschmecken.

6 Die Maronen schälen, halbieren und auf ein mit Backpapier ausgelegtes Blech legen. Mit Zucker bestreuen und im Backofen auf der mittleren Schiene etwa 5 Minuten karamellisieren.

7 Die Penne in ein Sieb abgießen, nur kurz abtropfen lassen und mit der Spinatsauce mischen. Mit den karamellisierten Maronen anrichten und mit Parmesan bestreut servieren.

# Farfalle
## mit Erbsen und Speck

*Aber bitte ohne Sahne! Der altbekannte Pasta-Hit mit Erbsen und Speck präsentiert sich hier von seiner schlanken Seite*

## Zutaten

150 g Frühstücksspeck (in Scheiben)
½ Bund Petersilie
400 g Farfalle · Salz
150 g Erbsen (tiefgekühlt)
2 EL Olivenöl
Pfeffer aus der Mühle
50 g Parmesan (am Stück)

## Zubereitung
### FÜR 4 PERSONEN

1. Den Speck in Streifen schneiden. Die Petersilie waschen und trocken schütteln, die Blätter abzupfen und fein hacken.

2. Die Farfalle nach Packungsanweisung in reichlich kochendem Salzwasser bissfest garen. Die Erbsen in den letzten 4 Minuten der Garzeit dazugeben.

3. Inzwischen das Öl in einer großen Pfanne erhitzen und die Speckstreifen darin knusprig braten.

4. Die Farfalle mit den Erbsen in ein Sieb abgießen und abtropfen lassen. In die Pfanne zum Speck geben, mit Salz und Pfeffer würzen. Die gehackte Petersilie unterrühren und alles gut mischen. Den Parmesan mit dem Sparschäler in feinen Spänen darüberhobeln.

## Tipp

Ganz besonders würzig schmeckt dieses Gericht, wenn man Pancetta, den gerollten, mit Kräutern aromatisierten und luftgetrockneten Bauchspeck aus Italien verwendet.

# Spaghetti
## mit Kalbfleisch

*Safrangelb und zitronenfrisch: Mit zartem Kalbfleisch und feiner Kapernsauce sind schlichte Spaghetti tatsächlich Gold wert*

## Zutaten

- 600 g Kalbsschnitzel
- 1 Schalotte
- 2 Knoblauchzehen
- 200 g Möhren
- 1 unbehandelte Zitrone
- 3 EL Olivenöl
- 400 g Spaghetti · Salz
- 1/8 l trockener Weißwein
- 1/8 l Gemüsebrühe
- 4 EL Crème fraîche
- 1 Döschen Safranfäden
- 2 EL eingelegte Kapern
- Pfeffer aus der Mühle
- 3 EL eingelegte Kapernäpfel

## Zubereitung
### FÜR 4 PERSONEN

1 Das Kalbfleisch in schmale Streifen schneiden. Die Schalotte und den Knoblauch schälen und in feine Würfel schneiden. Die Möhren putzen, schälen und in Stifte schneiden. Die Zitrone heiß waschen, trocken reiben und in Scheiben schneiden.

2 Das Öl in einer Pfanne erhitzen und das Kalbfleisch darin unter Rühren etwa 4 Minuten braten. Aus der Pfanne nehmen und warm stellen.

3 Die Spaghetti nach Packungsanweisung in reichlich kochendem Salzwasser bissfest garen.

4 Inzwischen Schalotte und Knoblauch mit den Möhrenstiften im verbliebenen Bratfett andünsten. Mit dem Wein und der Brühe ablöschen. Crème fraîche, Safran, etwas Kapernflüssigkeit und 2 Zitronenscheiben dazugeben. Die Sauce zugedeckt etwa 6 Minuten köcheln lassen. Das Kalbfleisch und die Kapern dazugeben, mit Salz und Pfeffer abschmecken.

5 Die Spaghetti in ein Sieb abgießen, abtropfen lassen und mit der Sauce mischen. Mit Kapernäpfeln und Zitronenscheiben garniert servieren.

## Tipp

Kapern sind die Blütenknospen der Kapernstrauchs, Kapernäpfel dessen Früchte. Am besten gibt man beide immer erst gegen Ende des Kochvorgangs dazu, da sie sonst an Geschmack verlieren.

# Tagliatelle
## mit Gulaschsauce

*Klassiker mit Aha-Effekt: Bei dieser Hackfleischsauce werden Ihre Gäste schon wegen des fruchtigen Toppings Augen machen*

### Zutaten

4 Zwiebeln
5 Zweige Thymian
1 unbehandelte Zitrone
⅛ l Olivenöl
300 g Hackfleisch
(aus Gulaschfleisch)
Salz · Pfeffer aus der Mühle
2 EL Tomatenmark
2–3 EL trockener Rotwein
gemahlener Kümmel
Cayennepfeffer
600 ml Gemüsebrühe
4 Orangen
1 Knoblauchzehe
400 g Tagliatelle

### Zubereitung
#### FÜR 4 PERSONEN

1 Die Zwiebeln schälen und in feine Würfel schneiden. Den Thymian waschen und trocken schütteln. Die Zitrone heiß waschen, trocken reiben und etwas Schale abreiben.

2 In einer Pfanne 4 EL Öl erhitzen und die Zwiebelwürfel darin andünsten. Das Hackfleisch dazugeben, mit Salz und Pfeffer würzen und unter Rühren krümelig braten. Das Tomatenmark hinzufügen und kurz mitbraten. Mit dem Wein ablöschen, die Thymianzweige und die Zitronenschale dazugeben, mit Kümmel und Cayennepfeffer würzen. Die Brühe dazugießen und zugedeckt bei mittlerer Hitze 15 Minuten sämig einkochen lassen. Falls nötig, noch etwas Brühe nachgießen.

3 Den Backofen auf 120 °C vorheizen. Die Orangen so großzügig schälen, dass auch die weiße Haut mit entfernt wird. Die Fruchtfilets aus den Trennhäuten schneiden und in eine Auflaufform geben. Den Knoblauch schälen und mit dem restlichen Öl mit dem Stabmixer pürieren. 2 bis 3 EL Knoblauchöl über die Orangenfilets träufeln und mit Pfeffer würzen. Die Orangenfilets im Backofen auf der mittleren Schiene etwa 10 Minuten garen.

4 Die Tagliatelle nach Packungsanweisung in reichlich kochendem Salzwasser bissfest garen. Die Gulaschsauce mit Salz und Cayennepfeffer abschmecken und den Thymian entfernen. Die Tagliatelle in ein Sieb abgießen, abtropfen lassen und mit der Gulaschsauce mischen. Die Knoblauch-Orangen darauf anrichten und nach Belieben mit Parmesan bestreut servieren.

# Penne
## mit Rindfleisch und Mais

### Zutaten

1 kleine Zwiebel

1 rote Chilischote

4 EL Öl

2 EL Cognac

500 g Rinderhüftsteak

1 rote Paprikaschote

Salz · Pfeffer aus der Mühle

200 g stückige Tomaten (aus der Dose)

400 g Penne

150 g Mais (aus der Dose)

1 TL Paprikapulver (edelsüß)

½ TL Zucker

### Zubereitung
#### FÜR 4 PERSONEN

1 Die Zwiebel schälen und in feine Spalten schneiden. Die Chilischote längs halbieren, entkernen, waschen und in feine Würfel schneiden. Die Zwiebel- und Chiliwürfel mit 2 EL Öl und dem Cognac zu einer Marinade verrühren. Das Fleisch in Streifen schneiden, gründlich mit der Marinade mischen und etwa 30 Minuten zugedeckt kühl stellen.

2 Die Paprikaschote längs halbieren, entkernen, waschen und in Würfel schneiden. Das Fleisch aus der Marinade nehmen und trocken tupfen. Das restliche Öl in einer großen Pfanne erhitzen und das Fleisch darin scharf anbraten. Aus der Pfanne nehmen und mit Salz und Pfeffer würzen. Die Marinade in die Pfanne geben und andünsten, bis die Zwiebeln glasig sind. Tomaten und Paprika dazugeben und alles bei schwacher Hitze etwa 10 Minuten köcheln lassen.

3 Die Penne nach Packungsanweisung in reichlich kochendem Salzwasser bissfest garen. In ein Sieb abgießen und abtropfen lassen. Nudeln, Fleisch und den abgetropften Mais unter die Sauce mischen und kurz erwärmen. Mit Salz, Pfeffer, Paprikapulver und Zucker würzen.

# Spaghetti
## mit Hackbällchen

### Zutaten

4 Scheiben Toastbrot
500 g Schweinehackfleisch
2 Eier · 3 EL Sahne
1 TL abgeriebene unbehandelte Zitronenschale
Salz · Pfeffer aus der Mühle
2 EL Butterschmalz
2 Zwiebeln
1 Knoblauchzehe
4 EL Olivenöl
1 TL Tomatenmark
400 g stückige Tomaten (aus der Dose)
400 g Spaghetti

### Zubereitung
FÜR 4 PERSONEN

1  Für die Hackbällchen das Brot in lauwarmem Wasser einweichen. Hackfleisch, Eier, Sahne und Zitronenschale in eine Schüssel geben. Das Toastbrot gut ausdrücken und dazugeben. Mit Salz und Pfeffer würzen und alles gut verkneten. Aus der Masse 8 bis 12 Hackbällchen formen. Butterschmalz in einer Pfanne zerlassen, die Hackbällchen darin rundum braun braten.

2  Für die Sauce Zwiebeln und Knoblauch schälen und in feine Würfel schneiden. Das Öl in einer großen Pfanne erhitzen und beides darin andünsten. Das Tomatenmark und die Tomaten unterrühren und die Sauce etwa 10 Minuten köcheln lassen. Mit Salz und Pfeffer würzen, die Hackbällchen dazugeben und die Tomatensauce weitere 10 Minuten köcheln lassen.

3  Die Spaghetti nach Packungsanweisung in reichlich kochendem Salzwasser bissfest garen. In ein Sieb abgießen und abtropfen lassen. Die Bällchen aus der Sauce nehmen. Die Sauce mit Salz, Pfeffer und nach Belieben 1 Prise Zucker abschmecken und die Spaghetti untermischen. Die Nudeln mit den Hackbällchen anrichten und nach Belieben Pfeffer grob darübermahlen.

# Tagliatelle
## mit Bœuf bourguignon

*Dinieren wie Gott in Frankreich: Das Burgunder Nationalgericht erhält seine Würze durch Zwiebeln, Speck und langes Schmoren*

## Zutaten

800 g Rindfleisch
3–4 EL Olivenöl
3 EL Tomatenmark
½ l trockener Rotwein
¼ l Rinderbrühe
Salz · Pfeffer aus der Mühle
2 Knoblauchzehen
1 TL getrockneter Thymian
1 Lorbeerblatt
400 g Schalotten
1 geh. EL Mehl
1–2 EL weiche Butter
400 g Champignons
400 g Tagliatelle
80 g Frühstücksspeck
(in Scheiben)

## Zubereitung
### FÜR 4 PERSONEN

1 Den Backofen auf 180 °C vorheizen. Das Fleisch in Würfel schneiden. Das Öl in einem Bräter erhitzen und das Fleisch darin portionsweise rundum scharf anbraten. Das gesamte Fleisch in den Bräter geben, das Tomatenmark, den Wein und die Brühe hinzufügen und mit Salz und Pfeffer würzen. Den Knoblauch schälen und halbieren. Mit dem Thymian und dem Lorbeerblatt in den Bräter geben und das Fleisch im Backofen auf der mittleren Schiene zugedeckt 1 Stunde schmoren.

2 Die Schalotten schälen, je nach Größe ganz lassen oder der Länge nach halbieren. Das Mehl in einer kleinen Schüssel mit der Butter verkneten. Die Schalotten und die Mehlbutter unter das Fleisch rühren und alles im Backofen offen 1 Stunde weiterschmoren.

3 Die Champignons putzen, trocken abreiben und je nach Größe halbieren oder vierteln. Die Pilze zum Fleisch geben und zugedeckt weitere 30 Minuten mitgaren.

4 Inzwischen die Tagliatelle nach Packungsanweisung in reichlich kochendem Salzwasser bissfest garen, in ein Sieb abgießen und abtropfen lassen. Den Speck in Streifen schneiden und in einer beschichteten Pfanne ohne Fett knusprig braten. Herausnehmen und auf Küchenpapier abtropfen lassen. Das Bœuf bourguignon mit dem Speck und den Nudeln anrichten.

## Tipp

Eine frische, leicht fruchtige Note bekommt das Schmorgericht, wenn man zusätzlich etwas Crème fraîche und etwa ½ TL fein abgeriebene unbehandelte Orangenschale unterrührt.

# Tagliatelle
## mit Fleisch-Pilz-Ragout

*Der Herbst bittet zu Tisch: Reichlich frische Pilze sorgen dafür, dass dieses Pasta-Gericht deftig und nach Waldeslust schmeckt*

### Zutaten

1 Zwiebel
1 Knoblauchzehe
200 g gemischte Pilze
(z. B. Champignons, Steinpilze, Pfifferlinge, Austernpilze)
6 reife Tomaten
300 g Hähnchenbrustfilet
50 g durchwachsener geräucherter Speck
200 g Rinderhackfleisch
¼ l trockener Weißwein
400 g Tagliatelle
Salz · Pfeffer aus der Mühle

### Zubereitung
FÜR 4 PERSONEN

1 Die Zwiebel und den Knoblauch schälen und in feine Würfel schneiden. Die Pilze putzen, trocken abreiben und je nach Größe ganz lassen oder in mundgerechte Stücke schneiden. Die Tomaten überbrühen, häuten, vierteln, entkernen und in Würfel schneiden.

2 Das Hähnchenbrustfilet waschen, trocken tupfen und klein schneiden. Den Speck in Würfel schneiden.

3 Den Speck in einer beschichteten Pfanne ohne Fett knusprig braten. Die Zwiebelwürfel dazugeben und anbraten. Hackfleisch, Hähnchenbrust und Knoblauch hinzufügen und kurz mitbraten. Den Wein dazugießen und etwas einkochen lassen.

4 Inzwischen die Tagliatelle nach Packungsanweisung in reichlich kochendem Salzwasser bissfest garen. Sobald der Wein nahezu verkocht ist, die Tomatenwürfel und die Pilze in die Sauce geben und weiterschmoren.

5 Die Sauce mit Salz und Pfeffer abschmecken. Die Nudeln in ein Sieb abgießen, abtropfen lassen und mit der Sauce mischen.

### Tipp

Ein feineres Weinaroma erhält die Sauce, wenn Sie weißen Portwein statt Weißwein verwenden. Auch Shiitake-Pilze geben der Sauce ein würziges Aroma. Wichtig dabei: Die gummiartigen Stiele entfernen!

# Makkaroni
## mit Sauce bolognese

### Zutaten

10 g getrocknete Steinpilze

1 Zwiebel

1 Knoblauchzehe · 1 Möhre

2 Stangen Staudensellerie

100 g durchwachsener geräucherter Speck · 3 EL Butter

250 g gemischtes Hackfleisch

2 EL Tomatenmark

Salz · Pfeffer aus der Mühle

200 g Tomaten (aus der Dose)

200 ml Rinderbrühe

1/8 l trockener Rotwein

1 TL getrockneter Thymian

125 g Sahne · 400 g Makkaroni

### Zubereitung
#### FÜR 4 PERSONEN

1 Die Steinpilze mit kochendem Wasser übergießen und einige Minuten einweichen. Zwiebel und Knoblauch schälen. Möhre und Sellerie putzen und schälen bzw. waschen. Das Gemüse mit dem Speck in Würfel schneiden.

2 Die Butter in einem Topf zerlassen, die Speck- und Gemüsewürfel darin andünsten. Das Hackfleisch hinzufügen und unter Rühren krümelig braten. Die Pilze abtropfen lassen, klein schneiden und mit dem Tomatenmark unterrühren. Mit Salz und Pfeffer würzen.

3 Tomaten, Brühe und Wein dazugeben, dabei die Tomaten mit einer Gabel grob zerkleinern. Thymian und Oregano hinzufügen, aufkochen und zugedeckt bei schwacher Hitze köcheln lassen. Nach 1 Stunde die Sahne unterrühren und die Sauce bolognese offen weitere 30 Minuten köcheln lassen.

4 Die Makkaroni nach Packungsanweisung in reichlich kochendem Salzwasser bissfest garen. In ein Sieb abgießen, abtropfen lassen und mit der Sauce bolognese anrichten. Nach Belieben geriebenen Parmesan dazu servieren.

# Pappardelle
## mit Hasenragout

### Zutaten

400 g Hasenfleisch
50 g durchwachsener geräucherter Speck
1 Zwiebel
1 Knoblauchzehe
1 Stange Staudensellerie
1 Fleischtomate
1 EL Butter · 2 EL Olivenöl
Salz · Pfeffer aus der Mühle
½ TL getrockneter Thymian
100 ml trockener Weißwein
⅛ l Rinderbrühe
400 g Pappardelle

### Zubereitung
FÜR 4 PERSONEN

1 Das Hasenfleisch und den Speck sehr fein zerkleinern. Die Zwiebel und den Knoblauch schälen und in feine Würfel schneiden. Den Sellerie putzen, waschen und in Scheiben schneiden. Die Tomate überbrühen, häuten, vierteln, entkernen und in Würfel schneiden.

2 Butter und Öl in einer Pfanne erhitzen und den Speck darin knusprig braten. Das Fleisch dazugeben und scharf anbraten. Die Hitze reduzieren und das vorbereitete Gemüse untermischen, mit Salz, Pfeffer und Thymian würzen.

3 Den Wein und die Brühe dazugießen und das Ragout zugedeckt bei schwacher Hitze etwa 2 Stunden schmoren lassen. Zum Schluss nochmals mit Salz und Pfeffer abschmecken.

4 Die Pappardelle nach Packungsanweisung in reichlich kochendem Salzwasser bissfest garen. Die Pappardelle in ein Sieb abgießen, abtropfen lassen und mit dem Ragout mischen. Nach Belieben mit frischem Thymian garnieren.

# Pasta gefüllt & aus dem Ofen

# Bärlauch-Ravioli
## mit Spinat und Frischkäse

*Zwei, die sich gut verstehen: Als perfekte Partner stecken Bärlauch und Spinat nur zu gern unter einer (Teig-)Decke*

## Zutaten

Für den Teig:
300 g Mehl
120 g Hartweizengrieß
4 Eier · 3 EL Olivenöl
Salz · Mehl für die Arbeitsfläche

Für die Füllung:
½ Zwiebel · 1 EL Öl
200 g junger Blattspinat
100 g Bärlauch (je nach Saison auch Kerbel, Estragon oder Dill)
Salz · 250 g Frischkäse
2 Eigelb
½ TL abgeriebene unbehandelte Orangenschale
Pfeffer aus der Mühle
frisch geriebene Muskatnuss
Cayennepfeffer

Außerdem:
2 Eiweiß · Salz
2 EL Butter

## Zubereitung
### FÜR 4 PERSONEN

1 Grieß, Eier, Öl und 1 Prise Salz zu einem glatten, elastischen Nudelteig verkneten. In Frischhaltefolie gewickelt 30 Minuten kühl stellen.

2 Für die Füllung die Zwiebel schälen, in feine Würfel schneiden und im Öl bei mittlerer Hitze andünsten. Den Spinat und den Bärlauch verlesen, waschen und trocken schütteln, grobe Stiele entfernen. Die Spinatblätter in kochendem Salzwasser 3 Minuten blanchieren. In ein Sieb abgießen, kalt abschrecken und abtropfen lassen. Mit den Händen gut ausdrücken und fein hacken.

3 Den Bärlauch fein hacken, mit Spinat, Frischkäse, Eigelben, Zwiebel und Orangenschale mischen. Die Masse mit Salz, Pfeffer sowie je 1 Prise Muskatnuss und Cayennepfeffer würzen und in einen Spritzbeutel mit Lochtülle füllen.

4 Den Nudelteig vierteln und mit der Nudelmaschine oder dem Nudelholz auf der bemehlten Arbeitsfläche zu 4 dünnen, langen Teigplatten ausrollen. 2 Teigplatten mit den verquirlten Eiweißen bestreichen, die Füllung im Abstand von etwa 3 cm als Häufchen daraufspritzen. Die beiden restlichen Teigplatten locker darüberlegen und mit den Fingern rund um die Füllung andrücken. Mit dem Teigrad oder Ravioliausstecher Quadrate ausschneiden bzw. -stechen und die Ränder ohne Luftblasen verschließen.

5 Die Ravioli in leicht siedendem Salzwasser etwa 4 Minuten gar ziehen lassen. Die Butter in einer Pfanne zerlassen. Die Ravioli mit dem Schaumlöffel herausnehmen, abtropfen lassen und in der Butter schwenken.

# Hummer-Ravioli mit Portwein-Orangen-Sauce

*Wo die inneren Werte zählen: Bei diesen Teigtaschen mit edler Krustentierfüllung wird jeder Bissen zu einer Entdeckung*

## Zutaten

Für den Teig:

220 g Mehl

80 g Hartweizengrieß

3 Eier

1 EL Olivenöl · Salz

1 Msp. gemahlener Safran

Mehl für die Arbeitsfläche

Für die Füllung:

1 Hummer (etwa 600 g)

100 g Crème fraîche

1 unbehandelte Orange

Salz · Pfeffer aus der Mühle

Außerdem:

1 Eiweiß · Salz

2 Orangen

3 Stiele Basilikum

¼ l roter Portwein

1 EL Zucker

100 g kalte Butter

Pfeffer aus der Mühle

## Zubereitung

FÜR 2–3 PERSONEN

1. Mehl, Grieß, Eier, Öl, 1 Prise Salz und den Safran zu einem glatten, elastischen Nudelteig verkneten. In Frischhaltefolie gewickelt 30 Minuten kühl stellen.

2. Für die Füllung den Hummer kopfüber 2 Minuten in kochendes Wasser geben, herausnehmen und kalt abschrecken. Den Hummer mit der Gartenschere knacken, das Fleisch aus Schwanz, Scheren und Gelenken lösen. 120 g Hummerfleisch mit Crème fraîche im Küchenmixer oder mit dem Stabmixer fein pürieren. Die unbehandelte Orange heiß waschen, trocken reiben und die Schale abreiben. Das Hummerpüree mit Salz, Pfeffer und Orangenschale würzen. Das restliche Hummerfleisch in Würfel schneiden und unterheben.

3. Den Teig mit der Nudelmaschine oder dem Nudelholz auf der bemehlten Arbeitsfläche dünn ausrollen. Mit einem Glas oder Ravioliausstecher Kreise mit 6 bis 8 cm Durchmesser ausstechen. Auf die Hälfte der Teigkreise je 2 TL Füllung setzen. Die restlichen Kreise mit verquirltem Eiweiß bestreichen und locker darüberlegen. Mit den Fingern rund um die Füllung andrücken und die Ränder ohne Luftblasen verschließen.

4. Für die Sauce alle 3 Orangen auspressen. Das Basilikum waschen und trocken schütteln. Orangensaft mit Portwein, Zucker und Basilikum aufkochen und auf ein Drittel (etwa 150 ml) einkochen lassen. Die Basilikumstiele entfernen, die kalte Butter in Würfeln unter den nicht mehr kochenden Fond rühren. Mit Salz und Pfeffer abschmecken.

5. Die Ravioli in leicht siedendem Salzwasser etwa 4 Minuten gar ziehen lassen. Mit dem Schaumlöffel herausnehmen und abtropfen lassen. Mit der Portwein-Orangen-Sauce anrichten, nach Belieben mit Portulak- oder Rucolablättern garnieren.

# Ricotta-Ravioli
## mit Basilikum

*Kulinarisches Versteckspiel: Wenn Basilikum und Ricotta mit von der Partie sind, kann man auf angenehme Überrraschungen gefasst sein*

## Zutaten

Für den Teig:
400 g Mehl · 4 Eier
1 EL Olivenöl · Salz
Mehl für die Arbeitsfläche

Für die Füllung:
1 Bund Basilikum
2 Knoblauchzehen
300 g Ricotta · 1 Ei
100 g geriebener Parmesan
Salz · Cayennepfeffer

Außerdem:
2 Eiweiß · Salz
2 EL Butter

## Zubereitung

FÜR 4 PERSONEN

1 Mehl, Eier, Öl und 1 Prise Salz zu einem glatten, elastischen Nudelteig verkneten. In Frischhaltefolie gewickelt 30 Minuten kühl stellen.

2 Für die Füllung das Basilikum waschen, trocken schütteln und die Blätter abzupfen. Den Knoblauch schälen und halbieren. Die Basilikumblätter und den Knoblauch mit Ricotta, Ei und geriebenem Parmesan im Blitzhacker oder mit dem Stabmixer fein pürieren. Die Ricottamasse mit Salz und Cayennepfeffer abschmecken.

3 Den Teig mit der Nudelmaschine oder dem Nudelholz auf der bemehlten Arbeitsfläche dünn ausrollen. Mit einem Glas oder Ravioliausstecher Kreise mit etwa 8 cm Durchmesser ausstechen und die Teigränder mit den verquirlten Eiweißen bestreichen. Jeweils 1 TL Füllung in die Mitte der Teigkreise setzen und den Teig darüber halbmondförmig zusammenklappen. Die Ränder mit einer Gabel ohne Luftblasen verschließen.

4 Die Ravioli in leicht siedendem Salzwasser etwa 4 Minuten gar ziehen lassen. Die Butter in einer Pfanne zerlassen. Die Ravioli mit dem Schaumlöffel herausnehmen, abtropfen lassen und in der Butter schwenken. Die Ravioli nach Belieben mit Parmesanspänen und Basilikumblättern garniert servieren.

## Tipp

Für ein leichtes Knoblaucharoma 1 Knoblauchzehe schälen, halbieren und mit den Ravioli in der Butter schwenken. Statt mit Basilikum kann man die Füllung auch mit Rucola zubereiten.

# Kalbsschwanz-Ravioli
## mit Salsa verde

*Manchmal ist Geduld gefragt! Aber für diesen herzhaften Festschmaus lohnt es sich allemal, etwas länger in der Küche zu stehen*

## Zutaten

Für den Teig:
400 g Mehl · 4 Eier · 2 EL Öl
Salz · Mehl für die Arbeitsfläche

Für die Füllung:
2 Zwiebeln
3 Knoblauchzehen · 1 Möhre
1 Tomate · 4 EL Öl
1½ kg Kalbsschwanz
(in Scheiben)
Salz · Pfeffer aus der Mühle
1 EL Tomatenmark
400 ml Marsala
(ital. Dessertwein)
1 EL Paniermehl
1 EL geriebener Parmesan

Für die Sauce:
1 Bund Petersilie
½ Bund Basilikum
2 Knoblauchzehen
1 EL eingelegte Kapern
½ EL Pinienkerne · 2 Eigelb
1 EL Weißweinessig · 5 EL Öl
Salz · Pfeffer aus der Mühle

Außerdem:
2 Eiweiß · Salz

## Zubereitung
### FÜR 4 PERSONEN

1. Mehl, Eier, Öl und ½ TL Salz zu einem glatten, elastischen Nudelteig verkneten. In Frischhaltefolie gewickelt 30 Minuten kühl stellen.

2. Für die Füllung die Zwiebeln und den Knoblauch schälen und in feine Würfel schneiden. Die Möhre putzen und schälen, die Tomate waschen. Beides in Würfel schneiden.

3. Das Öl erhitzen und die Kalbsschwanzscheiben darin auf beiden Seiten scharf anbraten, mit Salz und Pfeffer würzen. Das Gemüse und das Tomatenmark dazugeben und mit anbraten. Mit Marsala ablöschen und zugedeckt bei schwacher Hitze 1¼ Stunden schmoren, dabei eventuell etwas Wasser nachgießen.

4. Für die Sauce Petersilie und Basilikum waschen, trocken schütteln und die Blätter abzupfen. Den Knoblauch schälen und halbieren. Mit Kräutern, Kapern, Pinienkernen, Eigelben, Essig und Öl im Blitzhacker oder mit dem Stabmixer fein pürieren. Die Salsa verde mit Salz und Pfeffer abschmecken.

5. Das Kalbfleisch von den Knochen lösen, sehr fein schneiden und in der Sauce sämig einkochen lassen. Abkühlen lassen, Paniermehl und Parmesan unterrühren.

6. Den Teig mit der Nudelmaschine oder dem Nudelholz auf der bemehlten Arbeitsfläche dünn ausrollen und Kreise mit etwa 6 cm Durchmesser ausstechen. Die Hälfte der Teigkreise mit den verquirlten Eiweißen bestreichen und je 2 TL Füllung daraufsetzen. Die restlichen Teigkreise locker darüberlegen und mit den Fingern rund um die Füllung andrücken. Die Ränder mit einer Gabel ohne Luftblasen verschließen.

7. Die Ravioli in leicht siedendem Salzwasser etwa 4 Minuten gar ziehen lassen. Die Ravioli mit dem Schaumlöffel herausnehmen, abtropfen lassen und mit der Salsa verde servieren.

# Erbsen-Ravioli
## mit Morcheln und Spargel

*Wie in der Sterneküche: Die Gemüse aus dem Leipziger Allerlei lassen auch als Ravioli-Beilage Feinschmeckerherzen höherschlagen*

## Zutaten

Für den Teig:

300 g Mehl

120 g Hartweizengrieß

4 Eier · 3 EL Olivenöl · Salz

Mehl für die Arbeitsfläche

Für die Füllung:

250 g mehlig kochende Kartoffeln · ¼ l Gemüsebrühe

½ Lorbeerblatt

400 g Erbsen (tiefgekühlt)

1 EL weiche Butter

Salz · Cayennepfeffer

frisch geriebene Muskatnuss

Außerdem:

2 Eiweiß

200 g kleine Morcheln

250 g weißer Spargel

½ TL Zucker

150 ml Gemüsebrühe

Salz · Pfeffer aus der Mühle

1 Msp. abgeriebene unbehandelte Zitronenschale

1 EL Sherry (medium)

## Zubereitung
### FÜR 4 PERSONEN

1. Mehl, Grieß, Eier, Öl und 1 Prise Salz zu einem glatten, elastischen Nudelteig verkneten. In Frischhaltefolie gewickelt 30 Minuten kühl stellen.

2. Für die Füllung die Kartoffeln waschen, schälen, in Würfel schneiden und in der Brühe mit dem Lorbeerblatt etwa 20 Minuten weich garen. Den Lorbeer entfernen, die Erbsen dazugeben und einige Minuten in der Brühe ziehen lassen. 4 EL Erbsen abnehmen, kalt abschrecken und beiseitelegen. Kartoffeln und Erbsen abgießen, abtropfen lassen und im Blitzhacker oder mit dem Stabmixer fein pürieren. Eventuell etwas Kochflüssigkeit dazugeben und die Butter unterrühren. Die Masse mit Salz, je 1 Prise Cayennepfeffer und Muskatnuss würzen und in einen Spritzbeutel mit Lochtülle füllen.

3. Den Nudelteig vierteln und mit der Nudelmaschine oder dem Nudelholz auf der bemehlten Arbeitsfläche zu 4 dünnen, langen Teigplatten ausrollen. 2 Platten mit den verquirlten Eiweißen bestreichen und die Füllung im Abstand von etwa 3 cm als Häufchen daraufspritzen. Die beiden restlichen Teigplatten darüberlegen und mit den Fingern rund um die Füllung andrücken. Mit einem Plätzchen- oder Ravioliausstecher Ravioli ausstechen und die Ränder ohne Luftblasen verschließen.

4. Für das Gemüse die Morcheln gründlich waschen und abtropfen lassen. Den Spargel schälen, die holzigen Enden abschneiden. Die Stangen längs halbieren, in 4 cm lange Stücke schneiden und im Zucker bei schwacher Hitze andünsten. Die Brühe angießen und den Spargel 10 Minuten bissfest garen. Die Morcheln und die beiseitegelegten Erbsen dazugeben. Mit Salz, Pfeffer, Zitronenschale und Sherry würzen.

5. Die Ravioli in leicht siedendem Salzwasser etwa 4 Minuten gar ziehen lassen. Mit dem Schaumlöffel herausnehmen, abtropfen lassen und mit dem Gemüse anrichten.

# Mangold-Ravioli
## mit Salbei-Knoblauch-Butter

### Zutaten

Für den Teig:

400 g Mehl · 4 Eier

1 EL Olivenöl · Salz

Mehl für die Arbeitsfläche

Für die Füllung:

30 g Pinienkerne

1 Knoblauchzehe

300 g Mangold · Salz

100 g geriebener Pecorino

2 Eier · Pfeffer aus der Mühle

Außerdem:

2 Eiweiß · Salz

2 Knoblauchzehen

4 EL Butter · 15 Salbeiblätter

### Zubereitung
#### FÜR 4 PERSONEN

1. Mehl, Eier, Öl und 1 Prise Salz zu einem glatten, elastischen Nudelteig verkneten. In Frischhaltefolie gewickelt 30 Minuten kühl stellen.

2. Für die Füllung die Pinienkerne in einer beschichteten Pfanne ohne Fett anrösten. Knoblauch schälen und in feine Würfel schneiden. Mangold putzen, waschen und in kochendem Salzwasser 2 Minuten blanchieren. Abgießen, kalt abschrecken, gut ausdrücken und fein hacken. Mit Pinienkernen, Knoblauch, Pecorino und Eiern mischen. Mit Salz und Pfeffer würzen.

3. Den Teig auf der bemehlten Arbeitsfläche dünn ausrollen und Kreise mit 8 cm Durchmesser ausstechen. Jeweils 1 TL Füllung daraufsetzen. Die Teigränder mit den verquirlten Eiweißen bestreichen und halbmondförmig zusammenklappen. Die Ränder ohne Luftblasen verschließen.

4. Die Ravioli in leicht siedendem Salzwasser etwa 4 Minuten gar ziehen lassen. Mit dem Schaumlöffel herausnehmen und abtropfen lassen. Knoblauch schälen, in feine Würfel schneiden und in der Butter anbraten. Salbeiblätter und Ravioli dazugeben und kurz durchschwenken. Nach Belieben mit Pecorino bestreut servieren.

# Rucola-Ravioli
## mit Chili und Pecorino

### Zutaten

Für den Teig:

400 g Mehl · 4 Eier

1 EL Olivenöl · Salz

Mehl für die Arbeitsfläche

Für die Füllung:

200 g Rucola · 1 Zwiebel

1 EL Olivenöl · 250 g Ricotta

50 g geriebener Pecorino

Salz · Pfeffer aus der Mühle

frisch geriebene Muskatnuss

Außerdem:

2 Eiweiß · Salz

4 EL Butter

½ TL Chiliflocken

### Zubereitung
FÜR 4 PERSONEN

1 Mehl, Eier, Öl und 1 Prise Salz zu einem glatten, elastischen Nudelteig verkneten. In Frischhaltefolie gewickelt 30 Minuten kühl stellen.

2 Für die Füllung den Rucola verlesen, waschen und trocken schütteln. Grobe Stiele entfernen und die Blätter fein hacken. Die Zwiebel schälen und in feine Würfel schneiden. Das Öl in einer Pfanne erhitzen und die Zwiebel darin andünsten. Rucola dazugeben und mitdünsten. Abkühlen lassen, mit Ricotta und Pecorino mischen. Mit Salz, Pfeffer und Muskatnuss würzen.

3 Den Teig auf der bemehlten Arbeitsfläche zu 2 dünnen Platten ausrollen. Auf eine Teigplatte in Abständen von etwa 3 cm je 2 TL Füllung setzen. Die andere Teigplatte mit den verquirlten Eiweißen bestreichen, darüberlegen und mit den Fingern rund um die Füllung andrücken. Mit dem Teigrad Quadrate ausschneiden und die Ränder ohne Luftblasen verschließen.

4 Die Ravioli in leicht siedendem Salzwasser etwa 4 Minuten gar ziehen und abtropfen lassen. Die Butter zerlassen, die Ravioli mit den Chiliflocken darin schwenken. Nach Belieben mit Rucola garnieren und mit Pecorinospänen bestreuen.

# Schlutzkrapfen
## in Walnussbutter

*So schmeckt's auf der Alm: Auch wer nicht im Frühtau zu Berge gestiegen ist, wird sich genüsslich mit diesen deftigen Nudeln stärken*

## Zutaten

Für den Teig:
je 150 g Weizen-
und Roggenmehl · Salz
Öl zum Bestreichen
Mehl für die Arbeitsfläche
Für die Füllung:
200 g mehlig kochende
Kartoffeln · Salz
½ Bund Schnittlauch
100 g Parmesan (am Stück)
150 g Magerquark
3 cl Grappa
(ital. Tresterbrand)
Pfeffer aus der Mühle
Außerdem:
2 Eiweiß · Salz
1 Schalotte
80 g Bergkäse (am Stück)
2 EL gehackte Walnüsse
100 g Butter
Pfeffer aus der Mühle

## Zubereitung
### FÜR 4 PERSONEN

1. Beide Mehlsorten mit 200 ml Wasser und 1 Prise Salz zu einem glatten, elastischen Teig verkneten. Zu einer Kugel formen, mit Öl bestreichen und unter einem Küchentuch 30 Minuten ruhen lassen.

2. Für die Füllung die Kartoffeln waschen und in kochendem Salzwasser etwa 25 Minuten garen. Den Schnittlauch waschen, trocken schütteln und in Röllchen schneiden. Den Parmesan fein reiben. Die Kartoffeln in ein Sieb abgießen, kurz abdampfen lassen und pellen. Noch warm durch die Kartoffelpresse drücken und abkühlen lassen. Mit Quark, Schnittlauch, Parmesan und Grappa mischen. Die Kartoffelmasse mit Salz und Pfeffer abschmecken.

3. Den Teig mit der Nudelmaschine oder dem Nudelholz auf der bemehlten Arbeitsfläche dünn ausrollen und mit einem Plätzchen- oder Ravioliausstecher Kreise mit etwa 8 cm Durchmesser ausstechen. Die Teigränder mit den verquirlten Eiweißen bestreichen. Je 1 TL Füllung in die Mitte der Kreise setzen, den Teig halbmondförmig zusammenklappen und die Ränder mit einer Gabel ohne Luftblasen verschließen. Die Schlutzkrapfen etwa 1 Stunde antrocknen lassen.

4. Die Schlutzkrapfen in leicht siedendem Salzwasser etwa 5 Minuten gar ziehen lassen. Die Schalotte schälen und in feine Würfel schneiden. Den Bergkäse fein reiben. Die Butter in einer großen Pfanne zerlassen und die Schalotte darin mit den Walnüssen andünsten. Die Schlutzkrapfen mit dem Schaumlöffel herausnehmen und abtropfen lassen. In der Walnussbutter schwenken, mit Salz und Pfeffer würzen. Die Schlutzkrapfen portionsweise in mehreren Schichten in tiefen Tellern anrichten, dabei auf jede Lage etwas geriebenen Käse und Walnussbutter geben. Nach Belieben Pfeffer grob darübermahlen.

# Conchiglioni mit Spargelfüllung

*Vornehmes Understatement: Das feine Spargelgemüse hat es eigentlich gar nicht nötig, sich in Muschelnudeln zu verbergen*

## Zutaten

250 g Conchiglioni · Salz
250 g weißer Spargel
Zucker
150 g Hähnchenbrustfilet
2 Schalotten
1 Bund Petersilie
1 Kugel Mozzarella (125 g)
1 Eigelb
2 EL Paniermehl
Pfeffer aus der Mühle
Fett für die Form
100 ml trockener Weißwein
2 EL Sahne
50 g Pecorino (am Stück)
2 TL Butter

## Zubereitung
### FÜR 4 PERSONEN

1 Die Conchiglioni nach Packungsanweisung in reichlich kochendem Salzwasser bissfest garen. In ein Sieb abgießen, kalt abschrecken und abtropfen lassen.

2 Die Spargelstangen schälen und die holzigen Enden abschneiden. Den Spargel mit 1 Prise Zucker in reichlich kochendem Salzwasser etwa 15 Minuten bissfest garen. Die Spargelstangen abtropfen lassen und schräg in Scheiben schneiden.

3 Den Backofen auf 200 °C vorheizen. Das Hähnchenbrustfilet waschen, trocken tupfen und in Würfel schneiden. Die Schalotten schälen und in feine Würfel schneiden. Die Petersilie waschen und trocken schütteln, die Blätter abzupfen und fein hacken. Den Mozzarella in Würfel schneiden.

4 Die Spargelscheiben mit dem Fleisch, dem Mozzarella, den Schalotten, der Petersilie, dem Eigelb und dem Paniermehl mischen, mit Salz und Pfeffer kräftig abschmecken.

5 Die Masse mit einem Löffel in die Conchiglioni füllen und diese nebeneinander in eine gefettete Auflaufform setzen. Wein und Sahne mischen und seitlich in die Form gießen. Den Pecorino fein reiben und über die gefüllten Nudeln streuen. Die Conchiglioni mit Butterflöckchen belegen und im Backofen auf der mittleren Schiene etwa 35 Minuten goldbraun überbacken.

## Tipp

Die Spargelmischung kann man auch in Cannelloni füllen. Mit vorgekochten Rigatoni wird ein Auflauf daraus: Die Nudeln mit der Sauce und der Füllung in die Form schichten und 25 Minuten überbacken.

# Überbackene Schupfnudeln
## mit Weißkohl und Schinken

*Herzhaftes aus dem Ländle: Aus schwäbischen Kartoffelnudeln wird mit Schinken, Weißkohl und Bärlauch ein köstlicher Auflauf*

## Zutaten

Für die Schupfnudeln:
700 g mehlig kochende Kartoffeln
Salz · 100 g Mehl
1 Ei · 1 Eigelb
Pfeffer aus der Mühle
Mehl für die Arbeitsfläche

Außerdem:
1 Zwiebel
600 g Weißkohl
½ Bund Bärlauch (oder außerhalb der Saison Schnittlauch)
100 g gekochter Schinken (am Stück)
3 EL Butter
150 ml Gemüsebrühe
Salz · Pfeffer aus der Mühle
200 g Sahne
1–2 EL Zitronensaft
150 g Bergkäse (am Stück)

## Zubereitung
### FÜR 4–6 PERSONEN

1 Für die Schupfnudeln die Kartoffeln waschen, schälen und in kochendem Salzwasser etwa 25 Minuten garen. Die Kartoffeln in ein Sieb abgießen und abtropfen lassen. Die Kartoffeln noch warm durch die Kartoffelpresse drücken und mit Mehl, Ei, Eigelb, Salz und Pfeffer rasch zu einem Teig verkneten. Den Teig einige Minuten ruhen lassen.

2 Den Kartoffelteig auf der bemehlten Arbeitsfläche mit den Händen zu etwa 8 cm langen Schupfnudeln formen. Die Nudeln portionsweise in leicht siedendem Salzwasser 5 Minuten gar ziehen lassen. Herausnehmen und abtropfen lassen.

3 Die Zwiebel schälen und in feine Würfel schneiden. Den Weißkohl putzen, vierteln und den Strunk herausschneiden. Die Kohlviertel in schmale Streifen schneiden. Den Bärlauch verlesen, waschen und trocken schütteln. Die groben Stiele entfernen und die Blätter in Streifen schneiden. Den Schinken in Würfel schneiden.

4 In einem Topf 1 EL Butter zerlassen, die Zwiebel darin andünsten. Den Kohl dazugeben und kurz mitdünsten. Die Brühe angießen, mit Salz und Pfeffer würzen. Den Kohl zugedeckt bei schwacher Hitze etwa 10 Minuten dünsten. Dann den Deckel abnehmen und den Kohl weitere 5 Minuten dünsten. Sobald die Flüssigkeit verdampft ist, die Sahne hinzufügen und etwas einköcheln lassen. Das Gemüse mit Zitronensaft abschmecken.

5 Den Backofen auf 220 °C vorheizen. Die Schupfnudeln in einer Pfanne in 1 EL Butter unter Rühren goldbraun braten. Den Bergkäse fein reiben. Das Kohlgemüse und die Schupfnudeln mit dem Schinken, dem Bärlauch und der Hälfte des Käses mischen, mit Salz und Pfeffer abschmecken. Eine Auflaufform mit der restlichen Butter einfetten und die Mischung hineingeben. Mit dem restlichen Käse bestreuen und im Backofen auf der mittleren Schiene 20 Minuten goldbraun überbacken.

# Makkaroni-Auflauf
## mit Mortadella und Gemüse

*Eine italienische Liaison: Mortadella, die »Dicke aus Bologna«, schmeckt mit ihrem intensiven Knoblaucharoma nicht nur auf Ciabatta*

## Zutaten

250 g Makkaroni · Salz
2 Zwiebeln
2 Knoblauchzehen
1 kleine Aubergine
80 g braune Champignons
150 g Mortadella
(in Scheiben)
3 EL Olivenöl
1 EL Tomatenmark
100 g passierte Tomaten
(aus der Dose)
150 ml trockener Weißwein
3 Zweige Majoran
100 g Mascarpone
Pfeffer aus der Mühle
Fett für die Form
1 Kugel Mozzarella (125 g)

## Zubereitung
### FÜR 4 PERSONEN

1 Die Makkaroni nach Packungsanweisung in reichlich kochendem Salzwasser bissfest garen. In ein Sieb abgießen und abtropfen lassen.

2 Die Zwiebeln und den Knoblauch schälen und in feine Würfel schneiden. Die Aubergine putzen, waschen und in Würfel schneiden. Die Champignons putzen, trocken abreiben und je nach Größe halbieren oder vierteln. Die Mortadella in etwa 1 cm breite Streifen schneiden.

3 Den Backofen auf 200 °C vorheizen. Das Öl in einem Topf erhitzen, Zwiebeln, Knoblauch, Aubergine, Champignons und Mortadella darin anbraten. Das Tomatenmark und die passierten Tomaten hinzufügen und den Wein dazugießen. Die Sauce bei schwacher Hitze etwa 15 Minuten köcheln lassen.

4 Den Majoran waschen und trocken schütteln, die Blättchen abzupfen und fein hacken. Majoran und Mascarpone unter die Sauce mischen, mit Salz und Pfeffer abschmecken.

5 Die Makkaroni abwechselnd mit der Gemüsesauce in eine gefettete Auflaufform schichten. Den Mozzarella in Scheiben schneiden und darüber verteilen. Den Makkaroniauflauf im Backofen auf der mittleren Schiene 15 bis 20 Minuten goldbraun überbacken.

# Fusilli-Gratins
## mit Spinat und Pilzen

*Vier auf einen Streich: Wenn für jeden Gast ein eigenes Gratin auf dem Tisch steht, kann erst gar kein »Futterneid« aufkommen*

## Zutaten

400 g Fusilli · Salz
400 g junger Blattspinat
200 g Shiitake-Pilze
1 Schalotte
1 Knoblauchzehe
200 g Emmentaler
(am Stück)
1 EL Butter
50 ml trockener Weißwein
200 g Sahne
100 ml Gemüsebrühe
Fett für die Formen
Pfeffer aus der Mühle
frisch geriebene Muskatnuss

## Zubereitung
### FÜR 4 PERSONEN

1. Die Fusilli nach Packungsanweisung in reichlich kochendem Salzwasser bissfest garen. In ein Sieb abgießen und abtropfen lassen.

2. Den Spinat verlesen, waschen und trocken schütteln, grobe Stiele entfernen. Die Spinatblätter in kochendem Salzwasser 3 Minuten blanchieren. In ein Sieb abgießen, kalt abschrecken und abtropfen lassen. Mit den Händen gut ausdrücken und grob hacken.

3. Die Pilze putzen und mit Küchenpapier trocken abreiben, die Stiele entfernen und die Hüte je nach Größe halbieren oder in Scheiben schneiden. Schalotte und Knoblauch schälen, die Schalotte in Streifen, den Knoblauch in feine Würfel schneiden. Den Emmentaler fein reiben.

4. Den Backofen auf 180 °C vorheizen. Die Butter in einer großen Pfanne zerlassen, die Schalotte und die Pilze darin anbraten. Den Knoblauch dazugeben und kurz mitbraten. Den Spinat hinzufügen, den Wein angießen und etwas einköcheln lassen. Die Sahne und die Brühe hinzufügen und kurz köcheln lassen.

5. Vier ofenfeste Portionsformen einfetten. Die Spinatsauce vom Herd nehmen, mit Salz, Pfeffer und Muskatnuss abschmecken. Die Nudeln und den Käse untermischen. Die Nudelmischung auf die Formen verteilen und im Backofen auf der mittleren Schiene 15 bis 20 Minuten goldbraun überbacken.

## Tipp

Der Auflauf schmeckt auch hervorragend, wenn Sie den Emmentaler durch grob zerbröckelten Schafskäse (Feta) ersetzen. Für noch mehr Würze zusätzlich gehackte getrocknete Tomaten unterheben.

# Makkaroni-Auflauf
## mit Zucchini und Gorgonzola

### Zutaten

350 g Makkaroni · Salz

1 Zwiebel · 1 Knoblauchzehe

1 großer Zucchino

200 g Gorgonzola

2 Eier

2 Bund Petersilie

Fett für die Form

4 ½ EL Butter

3 EL Mehl

400 ml Milch

Pfeffer aus der Mühle

ca. 2 EL Paniermehl

### Zubereitung
#### FÜR 4 PERSONEN

1 Makkaroni nach Packungsanweisung in reichlich kochendem Salzwasser bissfest garen. In ein Sieb abgießen und abtropfen lassen. Zwiebel und Knoblauch schälen und in feine Würfel schneiden. Den Zucchino putzen, waschen, längs halbieren und in Scheiben schneiden.

2 Den Gorgonzola in Würfel schneiden. Die Eier verquirlen. Die Petersilie waschen und trocken schütteln, die Blätter abzupfen und fein hacken. Eine Auflaufform einfetten. Den Backofen auf 200 °C vorheizen.

3 In einem Topf 3 EL Butter zerlassen, Zwiebel- und Knoblauchwürfel darin andünsten. Das Mehl unterrühren und kurz anschwitzen. Nach und nach die Milch unter ständigem Rühren dazugeben. Drei Viertel der Käsestücke unter Rühren in der Sauce schmelzen. Den Topf vom Herd nehmen und die Eier unter die Sauce rühren, mit Salz und Pfeffer abschmecken.

4 Nudeln, Zucchini und Petersilie in der Form verteilen, die Sauce darübergießen. Den restlichen Käse, Paniermehl und die restliche Butter in Flöckchen darübergeben. Im Backofen auf der mittleren Schiene 30 Minuten überbacken.

# Cannelloni
## mit Spinat und Ricotta

### Zutaten

400 g junger Blattspinat
Salz · Fett für die Form
20 g Pinienkerne
200 g Ricotta
3 Eier
Pfeffer aus der Mühle
1 Knoblauchzehe
16 Cannelloni
100 g Parmesan (am Stück)
100 g Sahne
1 EL Butter

### Zubereitung
#### FÜR 4 PERSONEN

1 Den Spinat verlesen, waschen und trocken schütteln, grobe Stiele entfernen. In kochendem Salzwasser 3 Minuten blanchieren, in ein Sieb abgießen, kalt abschrecken und abtropfen lassen. Mit den Händen gut ausdrücken und grob hacken. Eine Auflaufform einfetten. Den Backofen auf 200 °C vorheizen.

2 Die Pinienkerne in einer beschichteten Pfanne ohne Fett leicht anrösten. Den Ricotta mit 1 Ei, Salz und Pfeffer glatt rühren. Den Knoblauch schälen, in feine Würfel schneiden und unterrühren. Die Pinienkerne hacken und mit dem Spinat unter die Käsecreme mischen. Die Masse mit einem Löffel oder Spritzbeutel in die Nudeln füllen und die Cannelloni nebeneinander in die Auflaufform setzen.

3 Den Parmesan fein reiben. Die Sahne, die restlichen Eier und 60 g geriebenen Parmesan verquirlen und über die Cannelloni gießen.

4 Die Cannelloni mit dem restlichen Parmesan bestreuen und mit Butterflöckchen belegen. Im Backofen auf der mittleren Schiene etwa 35 Minuten goldbraun überbacken.

# Tortellini-Auflauf
## mit Kürbis und Salbei

*Der Star der herbstlichen Küche: Kürbis läuft mit Tortellini, würziger Käsesauce und Salbei im Backofen zur Höchstform auf*

## Zutaten

2 Frühlingszwiebeln
400 g Kürbisfruchtfleisch
(z. B. Muskatkürbis)
3 EL Olivenöl
Fett für die Form
150 g Parmesan (am Stück)
14 Salbeiblätter
4 Eier · 100 g Sahne
300 ml Milch
Salz · Pfeffer aus der Mühle
400 g grüne Tortellini
(aus dem Kühlregal)

## Zubereitung
### FÜR 4 PERSONEN

1 Die Frühlingszwiebeln putzen, waschen und in feine Ringe schneiden. Den Kürbis in Würfel schneiden. In einer Pfanne 2 EL Öl erhitzen, die Frühlingszwiebeln darin andünsten und herausnehmen. Das restliche Öl in der Pfanne erhitzen und die Kürbiswürfel darin rundum anbraten.

2 Den Backofen auf 180 °C vorheizen. Eine Auflaufform einfetten. Den Parmesan fein reiben. Die Salbeiblätter waschen und trocken tupfen. 6 Blätter fein hacken, den Rest für die Deko beiseitelegen.

3 Die Eier trennen. Die Eigelbe mit der Sahne, der Milch und dem gehackten Salbei verrühren, mit Salz und Pfeffer würzen. Die Eiweiße sehr steif schlagen und mit 100 g Parmesan vorsichtig unter die Eiersahne heben.

4 Die Tortellini, die Kürbiswürfel und die Frühlingszwiebeln in der Auflaufform verteilen und die Käse-Eier-Sahne darübergießen. Den Auflauf mit dem restlichen Parmesan bestreuen und im Backofen auf der mittleren Schiene etwa 35 Minuten goldbraun überbacken. Mit Salbei bestreut servieren.

## Tipp

Frische Tortellini gibt es mit Hackfleisch- oder vegetarischer Füllung. Sie haben gegenüber getrockneten Tortellini den Vorteil, dass man sie vor der Verwendung für den Auflauf nicht garen muss.

# Cannelloni
## mit Zucchinifüllung

*Die Füllung macht's: Nudeln sind völlig von der Rolle, wenn sie mit Ricotta, Zucchini und Parmesan in eine Form wandern dürfen*

## Zutaten

600 g Zucchini
1 Zwiebel
1 Knoblauchzehe
2 EL Olivenöl
Salz · Pfeffer aus der Mühle
2 Stiele Petersilie
80 g Parmesan (am Stück)
250 g Ricotta
4 EL Butter
4 EL Mehl
½ l Milch
frisch geriebene Muskatnuss
Fett für die Form
16 Cannelloni

## Zubereitung
### FÜR 4 PERSONEN

1 Die Zucchini putzen, waschen und in Würfel schneiden. Zwiebel und Knoblauch schälen und in feine Würfel schneiden. Das Öl in einer Pfanne erhitzen und die Zucchiniwürfel darin etwa 5 Minuten kräftig anbraten. Zwiebel und Knoblauch hinzufügen und kurz mitbraten. Mit Salz und Pfeffer kräftig würzen. Vom Herd nehmen und etwas abkühlen lassen.

2 Die Petersilie waschen und trocken schütteln, die Blätter abzupfen und fein hacken. Den Parmesan fein reiben. Die Zucchini mit dem Ricotta, der Petersilie und der Hälfte des Parmesans verrühren. Mit Salz und Pfeffer abschmecken.

3 Den Backofen auf 180 °C vorheizen. Die Butter in einem Topf zerlassen, das Mehl unterrühren und kurz anschwitzen. Nach und nach die Milch unter ständigem Rühren dazugeben und die Béchamelsauce bei schwacher Hitze 5 Minuten köcheln lassen. Mit Salz, Pfeffer und 1 Prise Muskatnuss abschmecken.

4 Eine Auflaufform einfetten und die Hälfte der Béchamelsauce hineingießen. Die Cannelloni mit der Zucchinimasse füllen und in die Form legen. Die restliche Béchamelsauce darübergießen und den restlichen Parmesan darauf verteilen. Die Cannelloni im Backofen auf der mittleren Schiene 30 Minuten goldbraun überbacken.

## Tipp

Für eine edlere Variante die Zucchini durch 500 g geschälten und klein geschnittenen Spargel ersetzen. Zusätzlich 100 g gegarte Garnelen in die Ricottamischung geben und mit Zitronensaft abschmecken.

# Cannelloni-Auflauf
## mit Antipasti-Bolognese

*Bolognese mal anders: Bei dieser Sauce mit Kräutern und mediterranem Gemüse wird garantiert niemand Hackfleisch vermissen*

## Zutaten

400 g Cannelloni · Salz
1 Zwiebel
4 Knoblauchzehen
2 kleine Zucchini
1 Aubergine
je 1 rote und gelbe Paprikaschote
je 1 Bund Oregano und Thymian
8 EL Olivenöl
1 EL Tomatenmark
800 g stückige Tomaten (aus der Dose)
Pfeffer aus der Mühle
Fett für die Form
150 g Parmesan (am Stück)
400 g Ricotta
Meersalz
1 EL abgeriebene unbehandelte Zitronenschale
1 EL gehackte Petersilie

## Zubereitung
### FÜR 4–6 PERSONEN

1 Die Cannelloni in reichlich kochendem Salzwasser etwa 5 Minuten bissfest garen. In ein Sieb abgießen, kalt abschrecken und abtropfen lassen. Die Zwiebel und 2 Knoblauchzehen schälen. Die Zucchini und die Aubergine putzen und waschen. Die Paprikaschoten längs halbieren, mit dem Sparschäler schälen und entkernen. Das vorbereitete Gemüse im Küchenmixer oder mit dem Messer sehr fein hacken.

2 Oregano und Thymian waschen und trocken schütteln, die Blättchen abzupfen und fein hacken. In einem Topf 2 EL Öl erhitzen und die Gemüsemischung darin etwa 4 Minuten anbraten. Das Tomatenmark dazugeben und kurz mitbraten. Die Dosentomaten hinzufügen und kurz aufkochen. Oregano und Thymian unterrühren, die Sauce mit Salz und Pfeffer würzen. Nach Belieben mit Cayennepfeffer scharf abschmecken.

3 Den Backofen auf 180 °C vorheizen. Eine Auflaufform oder einen Bräter einfetten. Die Cannelloni aufrecht in die Form stellen. Den Parmesan fein reiben.

4 Die Sauce in die Cannelloni füllen, den Rest darüber verteilen, sodass die Nudeln fast vollständig damit bedeckt sind. Die Form leicht schütteln, sodass sich die Sauce gleichmäßig verteilt. Den Parmesan über den Auflauf streuen und den Ricotta darauf verteilen. 2 EL Öl über den Ricotta träufeln und etwas Meersalz darüberstreuen. Die Cannelloni im Backofen auf der unteren Schiene 35 bis 40 Minuten goldbraun überbacken.

5 Den restlichen Knoblauch schälen und in feine Würfel schneiden. Das restliche Öl in einer kleinen Pfanne erhitzen und den Knoblauch darin andünsten. Die Zitronenschale und die Petersilie unterrühren. Das Gewürzöl vor dem Servieren über den Cannelloni-Auflauf träufeln.

# Rahmnudel-Gratin
## mit Pilzen und Gemüse

### Zutaten

350 g Orecchiette · Salz

1 Zwiebel · 1 Möhre

1 Petersilienwurzel

1 Stange Lauch

400 g Champignons

1 EL Butter

50 g Frühstücksspeck (in Scheiben)

100 ml Gemüsebrühe

Pfeffer aus der Mühle

Fett für die Form

250 g Crème fraîche

150 ml Milch · 3 Eier

### Zubereitung
#### FÜR 4 PERSONEN

1 Die Orecchiette nach Packungsanweisung in reichlich kochendem Salzwasser bissfest garen. In ein Sieb abgießen und abtropfen lassen.

2 Die Zwiebel schälen und in feine Ringe schneiden. Die Möhre und die Petersilienwurzel putzen, schälen, längs halbieren und in Scheiben schneiden. Den Lauch putzen, waschen und in Ringe schneiden. Die Champignons putzen, trocken abreiben und in Scheiben schneiden. Den Speck in Streifen schneiden. Den Backofen auf 200 °C vorheizen.

3 Die Butter in einer Pfanne zerlassen, die Zwiebel und den Speck darin anbraten. Die Pilze hinzufügen und mitbraten. Möhre und Petersilienwurzel dazugeben und mit der Brühe ablöschen. Einige Minuten dünsten, bis die Flüssigkeit verdampft ist. Zuletzt den Lauch unterheben und das Gemüse mit Salz und Pfeffer würzen. Eine Auflaufform einfetten.

4 Die Nudeln mit dem Gemüse mischen und in die Form geben. Crème fraîche, Milch und Eier verrühren, mit Salz und Pfeffer würzen und über die Nudeln gießen. Im Backofen auf der mittleren Schiene 35 Minuten goldbraun überbacken.

# Ravioli-Gratin
## in Tomatensauce

### Zutaten

2 Zwiebeln

1 Knoblauchzehe

2 EL Olivenöl

500 g stückige Tomaten
(aus der Dose)

Salz · Pfeffer aus der Mühle

500 g frische Ravioli (mit Käsefüllung; aus dem Kühlregal)

4 Tomaten

2 Kugeln Mozzarella (à 125 g)

100 g Basilikum-Pesto
(aus dem Glas)

### Zubereitung
FÜR 4 PERSONEN

1 Die Zwiebeln und den Knoblauch schälen und in feine Würfel schneiden. Das Öl in einem Topf erhitzen, die Zwiebeln und den Knoblauch darin andünsten. Die Dosentomaten hinzufügen und zugedeckt bei schwacher Hitze etwa 15 Minuten köcheln lassen. Mit Salz und Pfeffer würzen.

2 Den Backofen auf 220 °C vorheizen. Die Ravioli nach Packungsanweisung in leicht siedendem Salzwasser gar ziehen lassen. Mit dem Schaumlöffel herausnehmen und abtropfen lassen.

3 Die Tomaten waschen und in Scheiben schneiden, dabei die Stielansätze entfernen. Den Mozzarella ebenfalls in Scheiben schneiden.

4 Vier kleine Gratinformen mit Pesto bestreichen. Die Ravioli und die Tomatenscheiben dachziegelartig hineinschichten. Mit der Sauce übergießen und den Mozzarella darauf verteilen. Die Ravioli-Gratins im Backofen auf der mittleren Schiene 10 Minuten überbacken. Nach Belieben mit Basilikum garniert servieren.

# Lasagne
## mit Gorgonzolasauce

*Everybody's darling: Extra zu Tisch bitten braucht man bei dieser Lasagne keinen – ihr köstlicher Duft lockt alle von allein an*

## Zutaten

12 Lasagneblätter · Salz
1 Zwiebel
1 Knoblauchzehe
2 Möhren
½ Fenchelknolle
4 Tomaten
1 EL Butterschmalz
400 g gemischtes Hackfleisch
1 Lorbeerblatt
⅛ l trockener Weißwein
1 EL gehackte Petersilie
Pfeffer aus der Mühle
1 EL Butter · 1 EL Mehl
¼ l Milch
frisch geriebene Muskatnuss
200 g Gorgonzola
Fett für die Form
80 g geriebener Parmesan

## Zubereitung
### FÜR 4 PERSONEN

1 Die Lasagneblätter in reichlich kochendem Salzwasser bissfest garen (auch bei Lasagneblättern ohne Vorkochen!). Mit dem Schaumlöffel herausnehmen, kalt abschrecken und nebeneinander auf einem Küchentuch abtropfen lassen.

2 Zwiebel und Knoblauch schälen. Die Möhre und den Fenchel putzen und schälen bzw. waschen. Alles in Würfel schneiden. Die Tomaten überbrühen, häuten, vierteln, entkernen und ebenfalls in Würfel schneiden.

3 Das Butterschmalz in einer Pfanne erhitzen und das Hackfleisch darin krümelig braten. Das vorbereitete Gemüse und das Lorbeerblatt hinzufügen und einige Minuten mitbraten. Den Wein dazugießen und so lange bei starker Hitze kochen lassen, bis die gesamte Flüssigkeit verdampft ist. Das Lorbeerblatt wieder herausnehmen und die Petersilie untermischen. Mit Salz und Pfeffer würzen.

4 Den Backofen auf 200 °C vorheizen. Die Butter in einem Topf zerlassen, das Mehl unterrühren und kurz anschwitzen. Nach und nach die Milch unter ständigem Rühren dazugeben und die Béchamelsauce bei schwacher Hitze 5 Minuten köcheln lassen. Mit Salz, Pfeffer und 1 Prise Muskatnuss abschmecken. Den Gorgonzola in Würfel schneiden und unter Rühren in der Sauce schmelzen.

5 Eine Auflaufform einfetten und lagenweise füllen: Den Boden mit Lasagneblättern auslegen, dann etwas Gemüse-Hackfleisch-Sauce und etwas Käsesauce darüber verteilen. Mit Lasagneblättern bedecken und so fortfahren, bis alle Zutaten aufgebraucht ist. Mit Lasagneblättern abschließen. Die restliche Käsesauce darauf verteilen und den Parmesan darüberstreuen. Die Lasagne im Backofen auf der mittleren Schiene 35 Minuten goldbraun überbacken.

# Spinat-Lasagne
## mit Tomatensauce

*Alles unter Dach und Fach: Auf diesen italienischen Klassiker ohne Fleisch können Sie getrost »bauen«, wenn Gäste kommen*

## Zutaten

1 Schalotte
2 Knoblauchzehen
3 EL getrocknete Tomaten (in Öl)
2 EL Olivenöl
400 g geschälte Tomaten (aus der Dose)
50 ml trockener Weißwein
Salz · Pfeffer aus der Mühle
200 g junger Blattspinat
500 g Ricotta
frisch geriebene Muskatnuss
50 g Parmesan (am Stück)
2 EL Butter · 2 EL Mehl
300 ml Milch
Fett für die Form
250 g Lasagneblätter
1 Kugel Mozzarella (125 g)

## Zubereitung

FÜR 4 PERSONEN

1 Die Schalotte und den Knoblauch schälen und in feine Würfel schneiden. Die getrockneten Tomaten auf Küchenpapier abtropfen lassen und hacken. Das Öl in einer großen Pfanne erhitzen, Schalotte, Knoblauch und die getrockneten Tomaten darin andünsten.

2 Die Dosentomaten samt Saft und den Wein dazugeben, dabei die Tomaten mit einer Gabel grob zerteilen. Bei mittlerer Hitze etwa 10 Minuten zu einer sämigen Sauce einkochen lassen, mit Salz und Pfeffer kräftig würzen.

3 Den Spinat verlesen, waschen und trocken schütteln, grobe Stiele entfernen. Die Spinatblätter in kochendem Salzwasser 3 Minuten blanchieren. In ein Sieb abgießen, kalt abschrecken und abtropfen lassen. Mit den Händen gut ausdrücken und fein hacken. Den Spinat mit dem Ricotta mischen, mit Salz, Pfeffer und 1 Prise Muskatnuss kräftig würzen.

4 Den Backofen auf 180 °C vorheizen. Für die Käsesauce den Parmesan fein reiben. Die Butter in einem kleinen Topf zerlassen, das Mehl unterrühren und kurz anschwitzen. Nach und nach die Milch unter ständigem Rühren dazugeben. Den Parmesan unterrühren und die Sauce bei schwacher Hitze etwa 10 Minuten köcheln lassen.

5 Eine Auflaufform einfetten und lagenweise füllen: Zunächst den Boden mit Lasagneblättern auslegen und mit Tomatensauce bestreichen. Mit Lasagneblättern belegen und die Spinat-Ricotta-Mischung darauf verteilen. So fortfahren, bis alle Zutaten aufgebraucht sind. Mit der Käsesauce begießen. Den Mozzarella in Scheiben schneiden und darauf verteilen. Die Spinat-Lasagne im Backofen auf der mittleren Schiene etwa 60 Minuten goldbraun überbacken.

# Lasagne
## im Schinkenmantel

*Symphonie des guten Geschmacks: Das klassische Thema »Lasagne« wird hier mit viel Fantasie, aber wenigen Zutaten virtuos variiert*

## Zutaten

12 Lasagneblätter · Salz
30 schwarze Oliven
(ohne Stein)
9 Zweige Thymian
5 Eigelb
450 g Ricotta
Salz · Pfeffer aus der Mühle
Fett für die Form
12 dünne Scheiben
Parmaschinken

## Zubereitung
### FÜR 2–4 PERSONEN

1 Die Lasagneblätter in reichlich kochendem Salzwasser bissfest garen (auch bei Lasagneblättern ohne Vorkochen!). Mit dem Schaumlöffel herausnehmen, kalt abschrecken und nebeneinander auf einem Küchentuch abtropfen lassen.

2 Den Backofen auf 170 °C vorheizen. Die Oliven in Scheiben schneiden. Den Thymian waschen, trocken schütteln und die Blättchen abzupfen. Oliven und Thymian mit den Eigelben und dem Ricotta verrühren, mit Salz und Pfeffer abschmecken.

3 Eine Auflaufform mit Alufolie oder Backpapier auslegen. Die Folie bzw. das Papier einfetten und die Form mit dem Parmaschinken auskleiden. Dann den Boden der Form mit Nudelplatten auslegen, etwas Ricottamasse gleichmäßig darauf verteilen und die nächste Schicht Nudeln darübergeben. So fortfahren, bis alle Nudelblätter und die Ricottamasse aufgebraucht sind. Mit Ricotta abschließen.

4 Die Lasagne im Backofen auf der mittleren Schiene etwa 20 Minuten goldbraun backen. Aus dem Ofen nehmen und 2 Minuten ruhen lassen. Auf eine Platte stürzen, die Folie entfernen und die Lasagne zum Servieren mit einem scharfen Messer in Scheiben schneiden.

## Tipp

Parmaschinken ist ein milder, luftgetrockneter Schinken aus der Emilia-Romagna. Man kann ihn durch den ähnlich hergestellten spanischen Serrano-Schinken ersetzen.

# Lasagne
## mit Sauce bolognese

*Da möchten alle eine zweite Portion: Wenn diese Lasagne aus dem Backofen kommt, geht's garantiert auch bei Tisch heiß her*

## Zutaten

1 Zwiebel
1 Knoblauchzehe
1 Möhre
3 Stangen Staudensellerie
2 EL Olivenöl
250 g gemischtes Hackfleisch
2 EL Tomatenmark
50 ml trockener Rotwein
400 g geschälte Tomaten (aus der Dose)
Salz · Pfeffer aus der Mühle
5 EL Butter
3 EL Mehl · ½ l Milch
frisch geriebene Muskatnuss
Fett für die Form
200 g Lasagneblätter
1 Kugel Mozzarella (125 g)
80 g geriebener Parmesan

## Zubereitung
### FÜR 4 PERSONEN

1 Die Zwiebel und den Knoblauch schälen und in feine Würfel schneiden. Die Möhre und den Sellerie putzen und schälen bzw. waschen. Beides in Würfel schneiden. Das Öl in einer Pfanne erhitzen, die Zwiebel und den Knoblauch darin andünsten. Das Hackfleisch hinzufügen und unter Rühren krümelig braten. Die Möhren- und Selleriewürfel dazugeben und kurz mitdünsten.

2 Das Tomatenmark unterrühren, den Wein und die Dosentomaten samt Saft hinzufügen, dabei die Tomaten mit einer Gabel grob zerteilen. Die Sauce bolognese mit Salz und Pfeffer würzen und bei mittlerer Hitze 20 Minuten einköcheln lassen.

3 Den Backofen auf 200 °C vorheizen. In einem Topf 3 EL Butter zerlassen, das Mehl unterrühren und kurz anschwitzen. Nach und nach die Milch unter ständigem Rühren dazugießen. Die Béchamelsauce bei schwacher Hitze 5 Minuten köcheln lassen, mit Salz, Pfeffer und 1 Prise Muskatnuss abschmecken.

4 Eine Auflaufform einfetten. 2 bis 3 EL Béchamelsauce in die Form geben und den Boden mit Lasagneblättern auslegen. Sauce bolognese, Béchamelsauce und die Nudelblätter abwechselnd in die Form schichten, bis alle Zutaten aufgebraucht sind. Die Lasagne mit einer Lage Nudeln abschließen und mit etwas Béchamelsauce bestreichen.

5 Den Mozzarella in Scheiben schneiden. Die Lasagne mit dem Mozzarella belegen, den Parmesan und die restliche Butter in Flöckchen darübergeben. Die Lasagne im Backofen auf der mittleren Schiene etwa 40 Minuten goldbraun backen. Nach Belieben mit geriebenem Parmesan bestreut servieren.

# Gemüse-Lasagne
## mit Tomaten und Paprika

### Zutaten

1 Stange Lauch
150 g grüne Bohnen
2 Knoblauchzehen
1 gelbe Paprikaschote
300 g Tomaten · 2 EL Olivenöl
2 TL italienische Kräuter
(tiefgekühlt)
Salz · Pfeffer aus der Mühle
2 EL Butter · 2 EL Mehl
¼ l Milch
40 g geriebener Parmesan
frisch geriebene Muskatnuss
Fett für die Form
12 Lasagneblätter

### Zubereitung
#### FÜR 4 PERSONEN

1 Lauch und Bohnen putzen, waschen und klein schneiden. Knoblauch schälen, in feine Würfel schneiden. Paprika längs halbieren, entkernen, waschen. Tomaten überbrühen, häuten, vierteln und entkernen. Beides in Würfel schneiden.

2 Den Lauch im heißen Öl andünsten. Knoblauch, Kräuter und das restliche Gemüse dazugeben. Bei schwacher Hitze offen 15 Minuten garen, mit Salz und Pfeffer würzen. Den Backofen auf 200 °C vorheizen. Die Butter in einem Topf zerlassen, das Mehl unterrühren und anschwitzen. Nach und nach die Milch unter Rühren dazugießen und bei schwacher Hitze einkochen lassen. Den Parmesan dazugeben, die Sauce mit Salz, Pfeffer und 1 Prise Muskatnuss abschmecken.

3 Eine Auflaufform einfetten und den Boden mit Lasagneblättern auslegen. Mit der Hälfte des Gemüses bedecken, wieder Nudelblätter auflegen und das übrige Gemüse daraufschichten. Mit den restlichen Nudeln abschließen und die Sauce darübergießen. Die Lasagne im Backofen auf der mittleren Schiene 30 bis 40 Minuten goldbraun überbacken. Nach Belieben auf Basilikumblättern anrichten.

# Nudelnester
## in Pergament

### Zutaten

1 Knoblauchzehe
4 EL Olivenöl
240 g geschälte Tomaten
(aus der Dose; abgetropft)
Salz · Pfeffer aus der Mühle
400 g Spaghetti
500 g Tomaten
1 Bund Petersilie
50 g schwarze Oliven
(ohne Stein)
8 Scheiben Pancetta
(ital. Bauchspeck)
8 Sardellenfilets (in Öl)

### Zubereitung
#### FÜR 4 PERSONEN

1 Knoblauch schälen, in feine Würfel schneiden und in einer Pfanne in 2 EL Öl andünsten. Die Dosentomaten dazugeben, 10 Minuten köcheln lassen. Mit dem Stabmixer pürieren, mit Salz und Pfeffer würzen. Weitere 10 Minuten köcheln lassen. Den Backofen auf 200 °C vorheizen.

2 Die Spaghetti nach Packungsanweisung in reichlich kochendem Salzwasser bissfest garen. Inzwischen die Tomaten überbrühen, häuten, vierteln, entkernen und in Würfel schneiden. Die Petersilie waschen und trocken schütteln, die Blätter abzupfen und fein hacken. Die Oliven in Scheiben schneiden. Die Spaghetti in ein Sieb abgießen und abtropfen lassen.

3 Die Nudeln mit Tomatensauce, Tomatenwürfeln, Oliven und 1 EL Petersilie mischen. 8 Blatt Pergamentpapier (à 25 x 25 cm) mit dem restlichen Öl bestreichen. Die Nudeln zu 8 Nestern formen und jeweils in die Mitte des Papiers setzen. Je 1 Scheibe Pancetta, 1 Sardellenfilet und etwas Petersilie daraufgeben. Das Papier über der Füllung zusammenfalten. Im Backofen auf der mittleren Schiene 15 Minuten garen. Nach Belieben mit Parmesanspänen bestreut servieren.

# Lasagne
## mit Sauerkraut und Pilzen

*Wärmstens zu empfehlen: Mit dieser deftigen Lasagne können Sie beides – die Familie verwöhnen und Ihre Gäste überraschen*

## Zutaten

12 Lasagneblätter
2 Schalotten
100 g Frühstücksspeck (in Scheiben)
2 EL Öl
500 g Sauerkraut (aus der Dose)
1 Lorbeerblatt
1/8 l trockener Weißwein
1/8 l Gemüsebrühe
250 g Sahne
Salz · Pfeffer aus der Mühle
500 g gemischte Pilze (z. B. Pfifferlinge und Steinpilze)
3 EL Butter
2 EL Schnittlauchröllchen
60 g geriebener Gruyère

## Zubereitung
### FÜR 4 PERSONEN

1 Die Lasagneblätter in reichlich kochendem Salzwasser bissfest garen (auch bei Lasagneblättern ohne Vorkochen!). Mit dem Schaumlöffel herausnehmen, kalt abschrecken und nebeneinander auf einem Küchentuch abtropfen lassen.

2 Den Backofen auf 200 °C vorheizen. Die Schalotten schälen und in feine Würfel schneiden. Die Hälfte des Specks in Streifen schneiden. Das Öl in einem Topf erhitzen und die Schalotten darin andünsten. Die Speckstreifen hinzufügen und kurz anbraten. Das Sauerkraut und das Lorbeerblatt dazugeben, den Wein und die Brühe angießen. Das Sauerkraut zugedeckt bei schwacher Hitze etwa 10 Minuten dünsten. Die Sahne hinzufügen und das Kraut offen weitere 15 Minuten köcheln lassen. Mit Salz und Pfeffer abschmecken, das Lorbeerblatt entfernen.

3 Die Pilze putzen, mit Küchenpapier trocken abreiben und in Scheiben schneiden. Die Butter zerlassen und die Pilze darin goldbraun braten. 1 EL Schnittlauchröllchen unterrühren, mit Salz und Pfeffer würzen.

4 Auf vier ofenfeste kleine Teller jeweils ein Lasagneblatt legen. Darauf die Hälfte des Sauerkrauts und der Pilze verteilen, mit einem weiteren Lasagneblatt bedecken, das restliche Kraut und die restlichen Pilze darauf verteilen und mit den letzten Lasagneblättern bedecken. Mit dem Gruyère bestreuen.

5 Die Lasagne im Backofen auf der mittleren Schiene 10 Minuten überbacken. Den restlichen Speck grob in Stücke schneiden und knusprig braten. Die Lasagne mit dem gebratenen Speck und den restlichen Schnittlauchröllchen bestreut servieren.

# Lasagnetaschen
## mit Garnelen und Zucchini

*Taschentrick für Küchenzauberer: Nudeln, Gemüse und Garnelen werden für diesen Gaumenschmaus perfekt in Form gebracht*

### Zutaten

8–10 Lasagneblätter · Salz
12 Garnelen (küchenfertig)
Saft von 2 Limetten
1 Bund Dill
1 Bund Frühlingszwiebeln
800 g Zucchini
1 EL Butterschmalz
Pfeffer aus der Mühle
Fett für die Form
150 g Sahne · 2 Eier
125 g Frischkäse (Doppelrahmstufe)
1 EL Olivenöl

### Zubereitung
FÜR 4 PERSONEN

1 Die Lasagneblätter in reichlich kochendem Salzwasser bissfest garen (auch bei Lasagneblättern ohne Vorkochen!). Mit dem Schaumlöffel herausnehmen, kalt abschrecken und nebeneinander auf einem Küchentuch abtropfen lassen.

2 Die Garnelen kalt abbrausen und trocken tupfen. Mit Limettensaft beträufeln und zugedeckt kühl stellen. Den Dill waschen und trocken schütteln, die Spitzen abzupfen und fein hacken. Die Frühlingszwiebeln putzen, waschen und in Ringe schneiden. Die Zucchini putzen, waschen und auf der Küchenreibe grob raspeln.

3 Den Backofen auf 175 °C vorheizen. Das Butterschmalz in einer Pfanne erhitzen und die Zucchini darin etwa 1 Minute andünsten. Die Zucchiniraspel wieder aus der Pfanne nehmen und mit dem gehackten Dill und den Frühlingszwiebeln mischen.

4 Den von den Garnelen abgetropften Limettensaft zum Gemüse gießen. Garnelen und Gemüse mit Salz und Pfeffer würzen.

5 Eine Auflaufform einfetten. Die Lasagneblätter jeweils längs zusammenknicken, so dass Taschen entstehen. Die Taschen mit der Öffnung nach oben nebeneinander in die Auflaufform setzen.

6 Die Nudeltaschen mit dem Gemüse füllen und mit den Garnelen belegen. Sahne, Eier und Frischkäse verrühren, mit Salz und Pfeffer abschmecken. Die Lasagnetaschen mit der Ei-Sahne-Mischung begießen und im Backofen auf der mittleren Schiene etwa 20 Minuten garen, dabei die Garnelen nach 10 Minuten mit dem Öl bestreichen.

# Nudeln asiatisch

# Dim Sum
## mit Garnelen-Fleisch-Füllung

*Auf Dipvisite: Die raffiniert gefüllten Teigtäschchen aus China stellen ihre europäischen Verwandten glatt in den Schatten*

### Zutaten

20 Wan-Tan-Blätter (tiefgekühlt; à ca. 8 x 8 cm)
1 Möhre
2 Frühlingszwiebeln
3 Stiele Koriander
10 g Ingwer
100 g Garnelen
150 g Schweinefilet
1 TL schwarze Bohnenpaste (aus dem Asienladen)
1 TL Speisestärke
Salz · Pfeffer aus der Mühle
Sojasauce

### Zubereitung
FÜR 4 PERSONEN

1 Die Wan-Tan-Blätter nebeneinander legen, mit einem feuchten Küchentuch bedecken und etwa 30 Minuten auftauen lassen.

2 Inzwischen die Möhre putzen, schälen und in sehr feine Würfel schneiden. Die Frühlingszwiebeln putzen, waschen und in Ringe schneiden. Den Koriander waschen und trocken schütteln, die Blätter abzupfen und fein hacken. Den Ingwer schälen und fein reiben.

3 Die Garnelen schälen, am Rücken entlang einschneiden und den schwarzen Darm entfernen. Die Garnelen kalt abbrausen und trocken tupfen. Das Schweinefilet grob in Stücke schneiden. Garnelen und Filet durch den Fleischwolf drehen oder mit dem Blitzhacker fein zerkleinern. Die Masse mit Möhre, Frühlingszwiebeln, Koriander, der Hälfte des Ingwers, Bohnenpaste und Stärke mischen. Mit Salz und Pfeffer würzen.

4 Die Wan-Tan-Blätter am besten portionsweise füllen, da sie schnell austrocknen. Dafür jeweils mit einem Teelöffel etwas Füllung in die Mitte der Teigblätter setzen. Die Ränder mit Wasser bestreichen und den Teig so um die Füllung formen, dass nach oben offene Täschchen entstehen. Auf diese Weise alle Teigblätter verarbeiten.

5 In den Wok oder einen großen Topf mit passendem Dämpfeinsatz etwa 3 cm hoch Wasser füllen und zum Kochen bringen. Die Teigtaschen eventuell portionsweise in einen Bambuskorb oder den Dämpfeinsatz setzen und über dem Wasserdampf etwa 10 Minuten bissfest garen.

6 Den restlichen Ingwer auf kleine Schälchen verteilen und mit Sojasauce aufgießen. Die Dim Sum nach Belieben mit Frühlingszwiebelgrün und geschnitztem Gemüse garnieren und die Ingwersauce als Dip dazu servieren.

# Reisnudelsalat
## mit Garnelen und Koriander

### Zutaten

150 g dünne Reisnudeln

4 Frühlingszwiebeln

200 g Garnelen
(gegart; bis auf das
Schwanzstück geschält)

1 rote Paprikaschote

1 Bund Koriander

1 ½ EL Fischsauce

1 TL grüne Currypaste

2 EL Limettensaft

2 EL Sesamöl

1 unbehandelte Limette

### Zubereitung
#### FÜR 4 PERSONEN

1 Die Reisnudeln mit kochendem Wasser übergießen und 10 Minuten quellen lassen.

2 Die Frühlingszwiebeln putzen, waschen und das Grün abschneiden. Das Grün mehrmals fein längs einschneiden und in Eiswasser legen, bis sich die Blattspitzen kringeln. Das Weiße der Frühlingszwiebeln schräg in Ringe schneiden.

3 Garnelen kalt abbrausen und trocken tupfen. Paprika längs halbieren, entkernen, waschen und in Streifen schneiden. Den Koriander waschen und trocken schütteln, die Blätter abzupfen und grob hacken. Die Nudeln abgießen, kalt abschrecken und abtropfen lassen.

4 Für die Vinaigrette Fischsauce, Currypaste, Limettensaft, 3 EL Wasser und Öl verrühren. Die Reisnudeln mit einer Schere in mundgerechte Stücke schneiden und in einer großen Schüssel mit Garnelen, Paprika, Frühlingszwiebeln, Koriander und der Vinaigrette mischen. Die Limette heiß waschen, trocken reiben und in Spalten schneiden. Den Reisnudelsalat mit den Limettenspalten und den Frühlingszwiebelblumen anrichten.

# Reisnudelsalat
## mit Garnelen und Mango

### Zutaten

150 g dünne Reisnudeln
je ½ rote und grüne Paprikaschote
½ Bund Frühlingszwiebeln
125 g kleine Champignons
1 Knoblauchzehe · 1 kleine Mango
200 g Garnelen (gegart)
5 EL Sojasauce
4 EL Weißweinessig
2 EL Mangochutney
(aus dem Glas)
1 TL geriebener Ingwer · Zucker
Chilipulver · 3 EL Öl
Salz · Pfeffer aus der Mühle

### Zubereitung
FÜR 4 PERSONEN

1 Die Reisnudeln mit kochendem Wasser übergießen und 10 Minuten quellen lassen.

2 Die Paprikahälften entkernen, waschen und in Würfel schneiden. Die Frühlingszwiebeln putzen, waschen und in feine Ringe schneiden. Die Champignons putzen, trocken abreiben und halbieren oder vierteln. Den Knoblauch schälen und in feine Würfel schneiden. Die Mango schälen und das Fruchtfleisch in breiten Streifen vom Stein schneiden. Die Garnelen kalt abbrausen und mit Küchenpapier trocken tupfen.

3 Die Nudeln abgießen, kalt abschrecken und abtropfen lassen. Für das Dressing die Sojasauce mit Essig, Mangochutney, Ingwer, 1 Prise Zucker und Chilipulver verrühren. Das Öl im Wok oder in einer großen Pfanne erhitzen, Paprika, Frühlingszwiebeln, Pilze und Knoblauch darin unter Rühren etwa 4 Minuten braten. Die Garnelen hinzufügen und 2 Minuten mitbraten, mit Salz und Pfeffer würzen. Die Mango untermischen.

4 Die Gemüsemischung vom Herd nehmen, mit dem Dressing mischen und abkühlen lassen. Die Reisnudeln mit einer Schere in mundgerechte Stücke schneiden und untermischen.

# Reisnudelsalat
## mit Hackfleisch

*Wechselspiel der Aromen: Samtige Nudeln, würziges Hackfleisch und knackiges Gemüse überraschen den Gaumen bei jedem Bissen*

### Zutaten

200 g breite Reisnudeln
2 Schalotten
3 Knoblauchzehen
3–4 Chinakohlblätter
1 rote Paprikaschote
1 Tomate
2 EL Erdnussöl
300 g gemischtes Hackfleisch
Salz · Pfeffer aus der Mühle
1 Ei · ½ Bund Koriander
40 g Cashewkerne
2 EL Fischsauce
1 EL Limettensaft
2 EL Weißweinessig
½ TL Sambal Oelek
Zucker
1 unbehandelte Limette

### Zubereitung
FÜR 4 PERSONEN

1 Reisnudeln mit kochendem Wasser übergießen und 10 Minuten quellen lassen. In ein Sieb abgießen, kalt abschrecken und abtropfen lassen.

2 Die Schalotten und den Knoblauch schälen und in feine Würfel schneiden. Die Chinakohlblätter waschen, trocken tupfen und in Streifen schneiden. Die Paprikaschote längs halbieren, entkernen, waschen und in Würfel schneiden. Die Tomate waschen, halbieren, entkernen und ebenfalls in Würfel schneiden.

3 Das Öl im Wok oder in einer großen Pfanne erhitzen und das Hackfleisch darin bei starker Hitze unter Rühren etwa 5 Minuten krümelig braten. Die Schalotten und den Knoblauch dazugeben und einige Minuten mitbraten. Mit Salz und Pfeffer würzen, herausnehmen und beiseitestellen.

4 Das Ei verquirlen, im heißen Wok unter Rühren stocken lassen und beiseitestellen.

5 Den Koriander waschen und trocken schütteln, die Blätter abzupfen und in Streifen schneiden. Die Cashewkerne grob hacken. Für das Dressing die Fischsauce mit Limettensaft, Essig, 2 EL Wasser, Sambal Oelek und 1 Prise Zucker verrühren. Die Limette heiß waschen, trocken reiben und in Spalten schneiden.

6 Reisnudeln, Chinakohl, Paprika, Tomate, Hackfleisch, Cashewkerne, Ei und Koriander mit dem Dressing mischen. Mit den Limettenspalten anrichten und lauwarm servieren.

# Eiernudelsalat
## mit Hähnchen und Möhren

*Vom Geschmack beflügelt: Gebratenes Hähnchenfleisch hat auf buntem Gemüse und marinierten Nudeln seinen großen Auftritt*

## Zutaten

400 g Möhren

300 g Zuckerschoten · Salz

250 g chinesische Eiernudeln

4 Hähnchenbrustfilets (ca. 600 g)

Pfeffer aus der Mühle

4 EL Öl

2 EL weiße Sesamsamen

100 ml Gemüsebrühe

2 EL Weißweinessig

75 ml Sojasauce

2 TL geriebener Ingwer

1 TL Sambal Oelek

Zucker

## Zubereitung
### FÜR 4 PERSONEN

1 Die Möhren putzen, schälen und in Streifen schneiden. Die Zuckerschoten putzen, waschen und quer halbieren. Möhren und Zuckerschoten in kochendem Salzwasser etwa 3 Minuten bissfest blanchieren. In ein Sieb abgießen, kalt abschrecken und abtropfen lassen.

2 Die Eiernudeln nach Packungsanweisung in reichlich kochendem Salzwasser bissfest garen. Das Hähnchenfleisch waschen und trocken tupfen, mit Salz und Pfeffer würzen.

3 Die Nudeln in ein Sieb abgießen, kalt abschrecken und abtropfen lassen. In einer großen Pfanne 2 EL Öl erhitzen und die Hähnchenbrustfilets darin auf beiden Seiten etwa 5 Minuten goldbraun braten. Anschließend mit Sesam bestreuen, einige Male in der Pfanne wenden und herausnehmen.

4 Für die Vinaigrette Brühe, Essig, Sojasauce, Ingwer, Sambal Oelek und 1 Prise Zucker und das restliche Öl verrühren. Das blanchierte Gemüse und die Nudeln mit der Vinaigrette mischen. Das Fleisch quer in Scheiben schneiden und auf dem Eiernudelsalat anrichten.

## Tipp

Die Hähnchenbrust schmeckt auch mit einem Mantel aus Cashewkernen: Das gebratene Fleisch mit 2 EL gehackten Cashewkernen bestreuen und in der Pfanne schwenken, bis die Kerne leicht gebräunt sind.

# Eiernudeln
## mit Tofu und Gemüse

*An die Stäbchen, fertig, los! Würzig überbackene Tofuwürfel und viel Gemüse sorgen für gesunde Abwechslung in der Nudelküche*

### Zutaten

2 EL Zitronensaft
4 EL Erdnussöl
4 EL helle Sojasauce
10 g Ingwer
3 Knoblauchzehen · Salz
125 g Bio-Tofu
250 g chinesische Eiernudeln
3 Frühlingszwiebeln
1 gelbe Paprikaschote
1 Möhre
100 g Mungobohnensprossen
50 ml Gemüsebrühe
1 TL Rohrzucker

### Zubereitung
#### FÜR 4 PERSONEN

1 Den Backofen auf 180 °C vorheizen. Für die Marinade den Zitronensaft, 2 EL Öl und 2 EL Sojasauce verrühren. Den Ingwer schälen und fein reiben, 1 TL geriebenen Ingwer unter die Marinade rühren. 1 Knoblauchzehe schälen, in feine Würfel schneiden und dazugeben. Die Marinade mit Salz abschmecken. Den Tofu kräftig ausdrücken und in Würfel schneiden. Die Tofuwürfel mit der Marinade mischen, in eine Auflaufform geben und im Backofen auf der mittleren Schiene etwa 10 Minuten backen, bis er leicht gebräunt ist.

2 Inzwischen die Eiernudeln nach Packungsanweisung in reichlich kochendem Salzwasser bissfest garen. In ein Sieb abgießen, kalt abschrecken und abtropfen lassen.

3 Die Frühlingszwiebeln putzen, waschen und schräg in Ringe schneiden. Den restlichen Knoblauch schälen und in feine Würfel schneiden. Die Paprikaschote längs halbieren, entkernen und waschen. Die Möhre putzen, schälen und ebenso wie die Paprika in feine Streifen schneiden. Die Mungobohnensprossen heiß abbrausen und abtropfen lassen.

4 Das restliche Öl im Wok oder in einer großen Pfanne erhitzen. Knoblauch, Paprika und Möhre darin unter Rühren etwa 1 Minute anbraten. Dann die Sprossen, die Frühlingszwiebeln, den restlichen geriebenen Ingwer und die Tofuwürfel dazugeben und weitere 2 Minuten unter Rühren braten. Die restliche Sojasauce, die Brühe und den Zucker hinzufügen. Zuletzt die Nudeln untermischen und alles bei schwacher Hitze zugedeckt 1 bis 2 Minuten dünsten. Vor dem Servieren mit Salz abschmecken.

# Reisnudeln
## mit Gemüse und Garnelen

*Im Wok rührt sich was: Sind die Zutaten erst vorbereitet, steht dieses Nudelgericht in weniger als 10 Minuten auf dem Tisch*

## Zutaten

50 g getrocknete Mu-Err-Pilze
80–100 g dünne Reisnudeln
3 Knoblauchzehen
2 rote Chilischoten
6 Wasserkastanien (aus der Dose)
100 g gekochter Schinken (in Scheiben)
100 g Garnelen (küchenfertig; bis auf das Schwanzstück geschält)
3 EL Erdnussöl
150 g Erbsen (tiefgekühlt)
1–2 TL Sojasauce
1–2 TL Reisessig
Salz · Pfeffer aus der Mühle

## Zubereitung
### FÜR 2 PERSONEN

1 Die Mu-Err-Pilze nach Packungsanweisung einweichen. Die Reisnudeln mit kochendem Wasser übergießen und 10 Minuten quellen lassen.

2 Inzwischen den Knoblauch schälen und in feine Würfel schneiden. Die Chilischoten längs halbieren, entkernen, waschen und ebenfalls in feine Würfel schneiden. Die Wasserkastanien abtropfen lassen und in Scheiben schneiden. Den Schinken in Streifen schneiden.

3 Die Nudeln in ein Sieb abgießen und abtropfen lassen. Die Pilze abtropfen lassen, ausdrücken und in Streifen schneiden. Die Garnelen kalt abbrausen und trocken tupfen.

4 Das Öl im Wok oder in einer großen Pfanne erhitzen, Knoblauch und Chili darin unter Rühren anbraten. Wasserkastanien und Pilze dazugeben und 1 Minute mitbraten. Die Nudeln, die Garnelen und die gefrorenen Erbsen hinzufügen und 2 Minuten mitbraten.

5 Den Schinken untermischen und alles weitere 3 bis 4 Minuten unter Rühren braten. Die Nudeln mit Sojasauce, Essig, Salz und Pfeffer abschmecken. Nach Belieben mit Korianderblättern garnieren und Sambal Oelek dazu servieren.

## Tipp

Statt Erbsen passen auch Zuckerschoten wunderbar zu diesem Nudelgericht. Die Schoten putzen, waschen, in Rauten schneiden und wie die Erbsen gleichzeitig mit den Garnelen in den Wok geben.

# Eiernudeln
## mit Garnelen-Curry-Sauce

### Zutaten

1 Bund Frühlingszwiebeln
250 g kleine Garnelen (küchenfertig)
1 EL Sesamöl
1 TL geriebener Ingwer
1 EL Currypulver
400 ml Kokosmilch (aus der Dose)
250 g chinesische Eiernudeln
Salz · Pfeffer aus der Mühle

### Zubereitung
#### FÜR 4 PERSONEN

1 Frühlingszwiebeln putzen, waschen und schräg in Ringe schneiden. Die Garnelen kalt abbrausen und mit Küchenpapier trocken tupfen.

2 Das Öl im Wok oder in einer großen Pfanne erhitzen, die Frühlingszwiebeln und den Ingwer darin unter Rühren anbraten. Die Garnelen und das Currypulver dazugeben und kurz mitbraten. Die Kokosmilch angießen, aufkochen und alles etwa 5 Minuten köcheln lassen.

3 Inzwischen die Eiernudeln in reichlich kochendem Salzwasser nach Packungsanweisung bissfest garen. Die Nudeln in ein Sieb abgießen, kalt abschrecken und abtropfen lassen.

4 Die Garnelen-Curry-Sauce mit Salz und Pfeffer abschmecken. Die Nudeln dazugeben und in der Sauce erwärmen. Nochmals mit Salz und Pfeffer abschmecken und nach Belieben mit Koriander garniert servieren.

# Spaghetti
## mit Zander und Zuckerschoten

### Zutaten

5–6 EL Sojasauce
1 TL geriebener Ingwer
4 EL Weißweinessig
2 EL Sesamöl
1 EL Speisestärke
Cayennepfeffer · 1 TL Zucker
600 g Zanderfilet
(oder anderes festfleischiges Fischfilet)
400 g Spaghetti · Salz
200 g Zuckerschoten
1 Knoblauchzehe · 4 EL Öl
120 g Erdnusskerne
6 EL trockener Weißwein

### Zubereitung
FÜR 4 PERSONEN

1 Für die Marinade 4 EL Sojasauce, Ingwer, Essig, Sesamöl, Stärke, 1 Prise Cayennepfeffer und Zucker verrühren. Die Fischfilets waschen, trocken tupfen und in mundgerechte Stücke schneiden. In der Marinade wenden und ziehen lassen.

2 Die Spaghetti nach Packungsanweisung in reichlich kochendem Salzwasser bissfest garen. Zuckerschoten putzen, kurz in kochendem Salzwasser blanchieren, abgießen, kalt abschrecken und längs in Streifen schneiden. Die Spaghetti in ein Sieb abgießen und abtropfen lassen.

3 Den Knoblauch schälen und in feine Würfel schneiden. Den Fisch aus der Marinade nehmen und trocken tupfen. In einer Pfanne 2 EL Öl erhitzen, den Fisch darin auf beiden Seiten anbraten und wieder herausnehmen.

4 Das restliche Öl in die Pfanne geben und erhitzen, Zuckerschoten, Knoblauch und Erdnüsse darin anbraten. Nudeln, Fischmarinade und Wein dazugeben und kurz köcheln lassen. Mit Sojasauce, Cayennepfeffer und nach Belieben mit Salz abschmecken. Zuletzt die Fischstücke vorsichtig unterheben.

# Eiernudeln
## mit Jakobsmuscheln

*Optisch und geschmacklich ein Highlight: Was hier im Wok oder in der Pfanne Biss bekommt, macht jeden Feinschmecker schwach*

## Zutaten

1 unbehandelte Limette
1 TL gemahlene Kurkuma
½ TL Cayennepfeffer
1 TL Ingwerpulver
1 TL gemahlener Koriander
16 ausgelöste Jakobsmuscheln
8 Stängel Zitronengras
250 g chinesische Eiernudeln · Salz
200 g Shiitake-Pilze
1 Möhre
2 Frühlingszwiebeln
3 Knoblauchzehen
8 kleine Pak Choi
5 EL Sesamöl
3 EL Sojasauce
2 TL süßsaure Chilisauce

## Zubereitung
### FÜR 4 PERSONEN

1 Die Limette heiß waschen und trocken reiben, etwas Schale abreiben und den Saft auspressen. 1 TL Limettenschale mit Kurkuma, Cayennepfeffer, Ingwer und Koriander mischen.

2 Die Jakobsmuscheln kalt abbrausen, trocken tupfen und mit etwas Limettensaft beträufeln. Das Zitronengras putzen, waschen und die Enden schräg abschneiden. Jeweils 2 Jakobsmuscheln auf einen Zitronengrasstängel aufspießen, mit der Gewürzmischung bestreuen und beiseitestellen.

3 Die Eiernudeln nach Packungsanweisung in reichlich kochendem Salzwasser bissfest garen. In ein Sieb abgießen, kalt abschrecken und abtropfen lassen.

4 Inzwischen die Pilze putzen und mit Küchenpapier trocken abreiben, die Stiele entfernen und die Hüte in feine Scheiben schneiden. Die Möhre und die Frühlingszwiebeln putzen, schälen bzw. waschen und in feine Streifen schneiden. Den Knoblauch schälen und in feine Würfel schneiden. Den Pak Choi putzen, waschen und in kochendem Salzwasser etwa 1 Minute blanchieren. In ein Sieb abgießen, kalt abschrecken und abtropfen lassen.

5 Im Wok oder in einer großen Pfanne 4 EL Öl erhitzen und den Knoblauch darin unter Rühren anbraten. Pilze, Möhre und Frühlingszwiebeln dazugeben und etwa 3 Minuten mitbraten. Den Pak Choi hinzufügen und weitere 2 Minuten unter Rühren braten. Die Nudeln untermischen, mit Limettensaft, Soja- und Chilisauce würzen, nach Belieben mit Salz abschmecken.

6 Das restliche Öl in einer großen Pfanne erhitzen, die Jakobsmuschelspieße darin auf beiden Seiten 1 bis 2 Minuten braten und mit Salz würzen. Die Eiernudeln portionsweise mit jeweils 2 Muschelspießen anrichten.

# Asia-Spaghetti
## mit Garnelen und Erbsen

*Es müssen nicht immer Eiernudeln sein: Auch die langen Dünnen aus Italien lassen gern würzige Saucen im Asia-Style an sich ran*

## Zutaten

400 g Garnelen (küchenfertig)
2 EL Zitronensaft
3 Frühlingszwiebeln
15 g Ingwer
2 Knoblauchzehen
½ Bund Koriander
400 g Spaghetti · Salz
2 EL Olivenöl
200 g Erbsen (tiefgekühlt)
100 ml Fischfond (aus dem Glas)
Pfeffer aus der Mühle

## Zubereitung
### FÜR 4 PERSONEN

1 Die Garnelen kalt abbrausen und trocken tupfen, mit dem Zitronensaft beträufeln und beiseitestellen. Die Frühlingszwiebeln putzen, waschen und schräg in Ringe schneiden. Den Ingwer schälen, 1 Scheibe abschneiden, den restlichen Ingwer fein reiben. Den Knoblauch schälen und in feine Würfel schneiden. Den Koriander waschen, trocken schütteln und die Blätter abzupfen. Einige Blätter für die Deko beiseitelegen, den Rest fein hacken.

2 Die Spaghetti nach Packungsanweisung in reichlich kochendem Salzwasser mit der Ingwerscheibe bissfest garen.

3 Inzwischen das Öl in einer großen Pfanne erhitzen, den Knoblauch darin andünsten. Die gefrorenen Erbsen und den Ingwer dazugeben und kurz mitbraten. Den Fond angießen und die Erbsen zugedeckt bei schwacher Hitze etwa 5 Minuten garen.

4 Die Spaghetti in ein Sieb abgießen und abtropfen lassen, den Ingwer entfernen. Die Garnelen samt Zitronensaft und die Frühlingszwiebeln zu den Erbsen in die Pfanne geben und etwa 3 Minuten mitdünsten. Die Spaghetti und den gehackten Koriander hinzufügen und untermischen. Die Asia-Spaghetti mit Salz und Pfeffer abschmecken und mit den Korianderblättern garniert servieren.

## Tipp

Dieses Nudelgericht lässt sich ganz unasiatisch auch sehr gut mit Crème fraîche verfeinern. Die Säure des Zitronensafts können Sie mit etwas Honig oder Zucker ausgleichen.

# Bamigoreng
## mit Hähnchen und Pak Choi

*Es lebe die Vielfalt! Wann hat man sonst schon einmal Nudeln, Pfannkuchen, Gemüse, Hähnchen und Garnelen auf einem Teller?*

## Zutaten

Für den Pfannkuchenteig:
50 g Mehl · 100 ml Milch
1 Ei · 1 Eigelb · Salz

Außerdem:
1 Zwiebel
3 Knoblauchzehen
10 g Ingwer
2 rote Chilischoten
4 Frühlingszwiebeln
500 g Hähnchenbrustfilet
150 g Garnelen (küchenfertig)
250 g chinesische Eiernudeln · Salz
2 EL Butterschmalz
4 kleine Pak Choi
8 EL Öl
50 ml Gemüsebrühe
2 EL helle Sojasauce
1 TL Zucker

## Zubereitung
### FÜR 4 PERSONEN

1 Für den Pfannkuchenteig Mehl, Milch, Ei, Eigelb und 1 Prise Salz verquirlen und etwa 20 Minuten quellen lassen.

2 Zwiebel und Knoblauch schälen und in feine Würfel schneiden. Den Ingwer schälen und fein reiben. Die Chilischoten längs halbieren, entkernen, waschen und in feine Streifen schneiden. Die Frühlingszwiebeln putzen, waschen und in etwa 3 cm lange Stücke schneiden. Das Hähnchenfleisch waschen, trocken tupfen und in mundgerechte Stücke schneiden. Die Garnelen kalt abbrausen und trocken tupfen.

3 Backofen auf 70 °C vorheizen. Die Eiernudeln nach Packungsanweisung in reichlich kochendem Salzwasser bissfest garen. In ein Sieb abgießen, kalt abschrecken und abtropfen lassen.

4 Aus dem Teig im heißen Butterschmalz portionsweise Pfannkuchen ausbacken. Im Backofen zugedeckt warm halten.

5 Den Pak Choi putzen, waschen und in kochendem Salzwasser etwa 1 Minute blanchieren. In ein Sieb abgießen, kalt abschrecken und abtropfen lassen.

6 Das Öl im Wok oder in einer großen Pfanne erhitzen und die Nudeln darin unter Rühren knusprig braten. Herausnehmen und auf Küchenpapier abtropfen lassen. Nacheinander den Pak Choi und das Hähnchenfleisch in den Wok geben, rundum anbraten und jeweils wieder herausnehmen.

7 Zwiebel, Knoblauch und Ingwer im Wok kurz anbraten. Chilistreifen, Frühlingszwiebeln und Garnelen dazugeben und weitere 2 Minuten unter Rühren braten. Die Brühe und die Sojasauce hinzufügen. Die Nudeln, das Hähnchenfleisch und den Pak Choi wieder in den Wok geben und unter Rühren erwärmen. Mit Salz und Zucker würzen. Die Pfannkuchen in feine Streifen schneiden und auf den Nudeln anrichten. Nach Belieben mit Korianderblättern garniert servieren.

# Eiernudeln
## mit Kohl und Shiitake-Pilzen

### Zutaten

Für die Gewürzmischung:

1 TL Szechuanpfeffer

1 TL Sesamsamen

1 getrocknete rote Chilischote

1 TL Paprikapulver (edelsüß)

½ TL Ingwerpulver

½ TL Currypulver

Außerdem:

400 g Weißkohl

250 g chinesische Eiernudeln

Salz · 200 g Shiitake-Pilze

1 große Möhre · 4 EL Erdnussöl

4 EL Sojasauce

### Zubereitung
#### FÜR 4 PERSONEN

1  Für die Gewürzmischung Szechuanpfeffer, Sesam und die zerbröselte Chilischote in einer Pfanne ohne Fett leicht anrösten. Herausnehmen, abkühlen lassen und im Mörser fein zerstoßen. Mit Paprika-, Ingwer- und Currypulver mischen.

2  Den Weißkohl putzen, vierteln und den Strunk herausschneiden. Die Kohlviertel in feine Streifen schneiden. Die Eiernudeln nach Packungsanweisung in reichlich kochendem Salzwasser bissfest garen. In ein Sieb abgießen, kalt abschrecken und abtropfen lassen.

3  Die Pilze putzen und mit Küchenpapier trocken abreiben, die Stiele entfernen und die Hüte kreuzweise einschneiden. Die Möhre putzen, schälen und in feine Streifen schneiden.

4  Im Wok oder in einer großen Pfanne 2 EL Öl erhitzen, den Kohl und die Möhre darin unter Rühren anbraten und herausnehmen. Das restliche Öl im Wok erhitzen und die Pilze bei starker Hitze goldbraun braten. Die Gemüsestreifen und die Nudeln in den Wok geben und untermischen. Mit etwa 1 TL der Gewürzmischung (den Rest in einem Schraubglas aufbewahren), Salz und Sojasauce abschmecken.

# Eiernudeln
## mit Schweinefleisch

### Zutaten

250 g chinesische Eiernudeln
Salz
1 kleiner Kopf Chinakohl
100 g Shiitake-Pilze
300 g Schweinefilet
1 rote Chilischote
1 Stängel Zitronengras
3 EL Öl
1 EL geriebener Ingwer
½ TL chinesische Gewürzmischung
(Zubereitung siehe Seite 270)
2 EL Reiswein
4 EL Sojasauce

### Zubereitung
#### FÜR 4 PERSONEN

1 Die Eiernudeln nach Packungsanweisung in reichlich kochendem Salzwasser bissfest garen. In ein Sieb abgießen, kalt abschrecken und abtropfen lassen.

2 Den Chinakohl putzen, waschen und in feine Streifen schneiden. Die Pilze putzen und mit Küchenpapier trocken abreiben, die Stiele entfernen und die Hüte in feine Scheiben schneiden. Das Filet ebenfalls in dünne Scheiben schneiden.

3 Die Chilischote längs halbieren, entkernen, waschen und in feine Würfel schneiden. Vom Zitronengras die äußeren Blätter und die obere, trockene Hälfte entfernen. Das Helle schräg in Ringe schneiden.

4 Das Öl im Wok oder in einer großen Pfanne erhitzen. Nacheinander Fleisch, Pilze und Kohl darin unter Rühren anbraten und alles zurück in den Wok geben. Chili, Zitronengras, Ingwer und die Gewürzmischung dazugeben, den Reiswein und die Sojasauce hinzufügen. Zuletzt die Nudeln untermischen und alles etwa 3 Minuten durchziehen lassen.

# Eiernudeln
## mit gebratener Entenbrust

*Wellnessbad für Geflügel: Weil die Entenbrust vor dem Braten mariniert wird, ist sie später besonders zart und saftig*

## Zutaten

250 g chinesische Eiernudeln

Salz

600 g Entenbrustfilet

1 EL flüssiger Honig

4 EL Sojasauce

½ TL Sambal Oelek

1 rote Paprikaschote

1 Bund Frühlingszwiebeln

4 Stiele Koriander

3 EL Öl

2 EL Zitronensaft

¼ l Hühnerbrühe

## Zubereitung
### FÜR 4 PERSONEN

1 Die Eiernudeln nach Packungsanweisung in reichlich kochendem Salzwasser bissfest garen. In ein Sieb abgießen, kalt abschrecken und abtropfen lassen.

2 Das Entenbrustfilet waschen, trocken tupfen und in dünne Scheiben schneiden. Für die Marinade Honig, Sojasauce und Sambal Oelek verrühren. Das Fleisch in der Marinade wenden und 30 Minuten ziehen lassen.

3 Die Paprikaschote längs halbieren, entkernen, waschen und in Streifen schneiden. Die Frühlingszwiebeln putzen, waschen und in Ringe schneiden. Den Koriander waschen, trocken schütteln und die Blätter abzupfen.

4 Das Fleisch aus der Marinade nehmen und abtropfen lassen, dabei die Marinade auffangen. Das Fleisch mit Küchenpapier trocken tupfen. Im Wok oder in einer großen Pfanne 1 EL Öl erhitzen, die Entenbrustscheiben darin auf beiden Seiten kräftig anbraten und herausnehmen.

5 Die Paprikastreifen und die Frühlingszwiebeln im restlichen Öl bissfest braten. Mit Salz und Zitronensaft würzen, die Brühe und die Marinade hinzufügen. Die Entenbrustscheiben und die Nudeln dazugeben, untermischen und kurz durchziehen lassen. Mit den Korianderblättern garniert servieren.

## Tipp

Statt Entenbrustfilet können Sie auch zartes Puten- oder Hähnchenbrustfilet verwenden. Verfeinern Sie die Marinade für das Fleisch dann zusätzlich mit 2 EL Limettensaft.

# Eiernudeln
## mit Rindfleisch und Gemüse

*Feines für Augen und Gaumen: Bei dieser exotischen Nudelpfanne wird garantiert so mancher zum »Wiederholungstäter«*

## Zutaten

250 g chinesische Eiernudeln

Salz

3 Knoblauchzehen

½ Bund Frühlingszwiebeln

1 rote Chilischote

1 rote Paprikaschote

300 g Mini-Maiskolben (aus dem Glas)

400 g Rindfleisch (zum Kurzbraten)

5 EL Öl

2 TL Senfkörner

¼ l Gemüsebrühe

4 EL Sojasauce

Salz · Pfeffer aus der Mühle

## Zubereitung
### FÜR 4 PERSONEN

1. Die Eiernudeln nach Packungsanweisung in reichlich kochendem Salzwasser bissfest garen. In ein Sieb abgießen, kalt abschrecken und abtropfen lassen.

2. Den Knoblauch schälen und in feine Scheiben schneiden. Die Frühlingszwiebeln putzen, waschen und in feine Ringe schneiden. Chili- und Paprikaschote längs halbieren, entkernen, waschen und in feine Streifen schneiden. Den Mais in ein Sieb abgießen und abtropfen lassen. Das Fleisch in mundgerechte Stücke schneiden.

3. Das Öl im Wok oder in einer großen Pfanne erhitzen, Senfkörner, Knoblauch und Chili darin unter Rühren anbraten. Die Hitze reduzieren, Paprika und Fleisch in den Wok geben und ebenfalls unter Rühren anbraten, aber nicht bräunen lassen. Die Brühe und die Sojasauce hinzufügen und alles zugedeckt bei schwacher Hitze 4 Minuten garen. Mais und Frühlingszwiebeln dazugeben und weitere 4 Minuten garen.

4. Die Nudeln in den Wok geben, mit dem Fleisch und dem Gemüse mischen und kurz durchziehen lassen. Mit Salz und Pfeffer abschmecken.

## Tipp

Eiernudeln werden in der Thai-Küche häufig für Suppen und Pfannengerichte verwendet. Sie sind etwa so dünn wie Spaghetti und können auch durch diese ersetzt werden.

# Rezeptregister

## A
**Artischocken**
    Penne mit Artischocken 125
    Spaghetti mit Garnelen und Tomaten 156
    Tagliatelle mit Artischocken und Salbei 121
Asia-Spaghetti mit Garnelen
    und Erbsen 266
**Avocado**
    Rotelle-Salat mit Avocado
    und Radieschen 29
    Spaghetti mit Avocado-Limetten-Sauce 86
    Spaghetti-Salat mit Avocado
    und Garnelen 38

## B
Bamigoreng mit Hähnchen
    und Pak Choi 268
Bandnudeln mit Basilikumschaum 63
Bandnudeln mit Jakobsmuscheln 148
Bandnudeln mit Ochsenschwanzragout 171
Bandnudeln, schwarze, mit Calamaretti
    und Lavendel 142
**Bärlauch**
    Bärlauch-Ravioli mit Spinat
    und Frischkäse 202
    Überbackene Schupfnudeln mit Weißkohl
    und Schinken 218
**Basilikum**
    Bandnudeln mit Basilikumschaum 63
    Lauwarmer Spaghetti-Salat mit Rucola
    und Basilikum 30
    Pappardelle mit Zwiebelsauce 102
    Ricotta-Ravioli mit Basilikum 206
    Spaghetti mit Basilikum-Pesto 51
    Spaghetti mit frittiertem Basilikum 78
    Tagliatelle mit Pesto und Garnelen 160
Bavette mit Brokkoli-Sahne-Sauce 46
**Bohnen**
    Fusilli mit dicken Bohnen 115
    Gemüse-Lasagne mit Tomaten
    und Paprika 242
    Orecchiette mit Bohnen und Zwiebeln 72
    Rigatoni mit Bohnenkernen und Speck 70
    Spaghetti mit Rucola-Pesto 92
    Spaghetti-Salat mit Thunfischsauce 36
**Brokkoli**
    Bavette mit Brokkoli-Sahne-Sauce 46
    Garganelli-Salat mit Brokkoli
    und Thunfisch 35
    Orecchiette mit Brokkoli und Chili 104
    Safrannudeln mit grünem Gemüse 124
    Spaghetti mit Brokkoli-Pistazien-Creme 87
Buchweizennudeln mit Lauch-
    Speck-Sugo 181

## C
Cannelloni mit Spinat und Ricotta 225
Cannelloni mit Zucchinifüllung 228
Cannelloni-Auflauf mit Antipasti-
    Bolognese 230
Casarecce mit Spinat-Pesto 108
Conchiglie mit Forelle und Fenchel 134
Conchiglie mit Paprika und Schafskäse 126
Conchiglioni mit Spargelfüllung 216

## D
Dim Sum mit Garnelen-Fleisch-Füllung 250

## E
Eiernudeln mit Garnelen-Curry-Sauce 262
Eiernudeln mit gebratener Entenbrust 272
Eiernudeln mit Jakobsmuscheln 264
Eiernudeln mit Kohl
    und Shiitake-Pilzen 270
Eiernudeln mit Rindfleisch
    und Gemüse 274
Eiernudeln mit Schweinefleisch 271
Eiernudeln mit Tofu und Gemüse 258
Eiernudelsalat mit Hähnchen
    und Möhren 256
**Ente**
    Eiernudeln mit gebratener Entenbrust 272
    Pappardelle mit gebratener Entenbrust 172
    Pappardelle mit Entenragout 174
**Erbsen**
    Asia-Spaghetti mit Garnelen
    und Erbsen 266
    Erbsen-Ravioli mit Morcheln
    und Spargel 210
    Farfalle mit Erbsen und Speck 186
    Reisnudeln mit Gemüse
    und Garnelen 260
    Tortellini mit Schinken-Sahne-Sauce 66

## F
Farfalle mit Erbsen und Speck 186
Farfalle mit Parmesanschaum 98
Farfalle mit Sauerampfersauce 90
Farfalle mit Sesam-Thunfisch 140
Farfalle mit Steinpilzsauce 118
Farfalle-Salat mit Champignons 21
Fettuccine mit Kürbis und Sellerie 101
Fusilli mit dicken Bohnen 115
Fusilli mit Tomaten und Oliven 128
Fusilli-Gratins mit Spinat und Pilzen 222
Fusilli-Salat, lauwarmer, mit Hähnchen
    und Tomaten 26
Fusilli-Salat mit Kichererbsen 28
Fusilli-Salat mit Radicchio und Salami 24

## G
Garganelli-Salat mit Brokkoli
    und Thunfisch 35
**Garnelen**
    Asia-Spaghetti mit Garnelen
    und Erbsen 266
    Bami goreng mit Hähnchen
    und Pak Choi 268
    Dim Sum mit Garnelen-
    Fleisch-Füllung 250
    Eiernudeln mit Garnelen-Curry-Sauce 262
    Lasagneblätter mit Gemüse
    und Garnelen 158
    Lasagnetaschen mit Garnelen
    und Zucchini 246
    Reisnudeln mit Gemüse und Garnelen 260
    Reisnudelsalat mit Garnelen
    und Koriander 252
    Reisnudelsalat mit Garnelen
    und Mango 253
    Spaghetti mit Garnelen und Tomaten 156
    Spaghetti mit Krabben und Zucchini 154
    Spaghetti-Salat mit Avocado
    und Garnelen 38
    Tagliatelle mit Pesto und Garnelen 160
Gemüse-Lasagne mit Tomaten
    und Paprika 242
**Gorgonzola**
    Grüne Tortellini mit Vier-Käse-Sauce 64
    Lasagne mit Gorgonzolasauce 234
    Makkaroni-Auflauf mit Zucchini
    und Gorgonzola 224
    Pappardelle mit Gorgonzola und Birnen 58
    Spaghetti mit Gorgonzolasauce 50

## H
**Hähnchen**
    Bami goreng mit Hähnchen
    und Pak Choi 268
    Conchiglioni mit Spargelfüllung 216
    Eiernudelsalat mit Hähnchen
    und Möhren 256
    Lauwarmer Fusilli-Salat mit Hähnchen
    und Tomaten 26
    Orecchiette mit Maishähnchenbrust 168
    Penne mit Hähnchen und Spinat 164
    Rotelle mit Hähnchen und Petersilie 166
    Tagliatelle mit Fleisch-Pilz-Ragout 196
**Hackfleisch**
    Lasagne mit Gorgonzolasauce 234
    Lasagne mit Sauce bolognese 240
    Makkaroni mit Sauce bolognese 198
    Reisnudelsalat mit Hackfleisch 254
    Spaghetti mit Hackbällchen 193

Tagliatelle mit Fleisch-Pilz-Ragout 196
Tagliatelle mit Gulaschsauce 190
**Hase**
Pappardelle mit Hasenragout 199
**Hummer**
Hummer-Ravioli mit Portwein-
Orangen-Sauce 204
Spaghettinester
mit Langostinosauce 150

**K**
**Kalb**
Kalbsschwanz-Ravioli mit Salsa verde 208
Spaghetti mit Kalbfleisch 188
**Kapern**
Makkaroni mit Thunfischsauce 144
Spaghetti mit Kalbfleisch 188
Spaghetti mit sizilianischem Gemüse 82
Tagliatelle mit Speck und Kapern 68
**Kohl**
Bami goreng mit Hähnchen
und Pak Choi 268
Eiernudeln mit Jakobsmuscheln 264
Eiernudeln mit Kohl
und Shiitake-Pilzen 270
Eiernudeln mit Schweinefleisch 271
Krautfleckerl mit Frischkäse
und Kümmel 106
Lasagne mit Sauerkraut und Pilzen 244
Nudelfleckerl mit Spitzkohl 107
Überbackene Schupfnudeln mit Weißkohl
und Schinken 218
**Koriander**
Asia-Spaghetti mit Garnelen
und Erbsen 266
Dim Sum mit Garnelen-
Fleisch-Füllung 250
Eiernudeln mit gebratener Entenbrust 272
Reisnudelsalat mit Garnelen
und Koriander 252
Reisnudelsalat mit Hackfleisch 254
Krautfleckerl mit Frischkäse und Kümmel 106
**Kürbis**
Fettuccine mit Kürbis und Sellerie 101
Tortellini-Auflauf mit Kürbis
und Salbei 226

**L**
**Lachs**
Linguine mit Lachs und Käsesauce 136
Spaghetti mit Lachs und Meerrettich 139
Strozzapreti mit Lachs-Sahne-Sauce 132
Vollkornspaghetti mit Räucherlachs
und Rucola 138

**Lamm**
Spaghetti mit Zitronen-Lamm-Ragout 176
**Lasagne**
Gemüse-Lasagne mit Tomaten
und Paprika 242
Lasagneblätter mit Gemüse
und Garnelen 158
Lasagne im Schinkenmantel 238
Lasagne mit Gorgonzolasauce 234
Lasagne mit Sauce bolognese 240
Lasagne mit Sauerkraut
und Pilzen 244
Lasagnetaschen mit Garnelen
und Zucchini 246
Spinat-Lasagne mit Tomatensauce 236
Lauwarmer Fusilli-Salat mit Hähnchen
und Tomaten 26
Lauwarmer Spaghetti-Salat mit Rucola
und Basilikum 30
**Limette**
Farfalle mit Sauerampfersauce 90
Farfalle mit Sesam-Thunfisch 140
Reisnudelsalat mit Garnelen
und Koriander 252
Reisnudelsalat mit Hackfleisch 254
Spaghetti mit Avocado-
Limetten-Sauce 86
Linguine mit Balsamico-Linsen 81
Linguine mit Lachs und Käsesauce 136

**M**
Makkaroni mit Sauce bolognese 198
Makkaroni mit Spinat-Ricotta-Sauce 120
Makkaroni mit Thunfischsauce 144
Makkaroni-Auflauf mit Mortadella
und Gemüse 220
Makkaroni-Auflauf mit Zucchini
und Gorgonzola 224
Mangold-Ravioli mit Salbei-
Knoblauch-Butter 212
**Mascarpone**
Makkaroni-Auflauf mit Mortadella
und Gemüse 220
Spaghetti mit grünem Spargel 88
**Muscheln**
Bandnudeln mit Jakobsmuscheln 148
Eiernudeln mit Jakobsmuscheln 264
Spaghetti vongole mit Chili
und Anislikör 152

**N**
Nudelfleckerl mit Spitzkohl 107
Nudelnester in Pergament 243
Nudelrisotto mit Salami und Steinpilzen 182

**Nüsse**
Eiernudeln mit Garnelen-Curry-Sauce 262
Schlutzkrapfen in Walnussbutter 214
Spaghetti mit Zander
und Zuckerschoten 263
Spaghettini mit Walnüssen
und Spargel 76

**O**
**Oliven**
Fusilli mit Tomaten und Oliven 128
Fusilli-Salat mit Radicchio und Salami 24
Lasagne im Schinkenmantel 238
Lauwarmer Fusilli-Salat
mit Hähnchen und Tomaten 26
Nudelnester in Pergament 243
Penne mit Peperoni-Mango-Sauce 96
Penne-Salat mit Schafskäse 20
Spaghetti-Salat mit würziger
Vinaigrette 17
Orecchiette mit Bohnen
und Zwiebeln 72
Orecchiette mit Brokkoli und Chili 104
Orecchiette mit Maishähnchenbrust 168
Orecchiette mit Rucola und Ricotta 94

**P**
Pappardelle mit Entenragout 174
Pappardelle mit gebratener Entenbrust 172
Pappardelle mit Gorgonzola und Birnen 58
Pappardelle mit Hasenragout 199
Pappardelle mit Putenragout 162
Pappardelle mit Zwiebelsauce 102
**Paprika**
Cannelloni-Auflauf mit Antipasti-
Bolognese 230
Conchiglie mit Paprika
und Schafskäse 126
Eiernudeln mit Rindfleisch
und Gemüse 274
Eiernudeln mit Tofu und Gemüse 258
Fusilli-Salat mit Kichererbsen 28
Gemüse-Lasagne mit Tomaten
und Paprika 242
Lauwarmer Fusilli-Salat mit Hähnchen
und Tomaten 26
Pappardelle mit Zwiebelsauce 102
Penne mit Rindfleisch und Mais 192
Reisnudelsalat mit Garnelen
und Mango 253
Spaghetti mit Paprikasauce 56
Spaghetti mit sizilianischem Gemüse 82
Tortiglioni-Salat mit Tintenfisch
und Paprika 40

**Parmesan**
    Farfalle mit Parmesanschaum 98
    Spaghetti carbonara mit Parmesan 48
    Tortellini-Auflauf mit Kürbis und Salbei 226
Penne mit Artischocken 125
Penne mit Hähnchen und Spinat 164
Penne mit Kräuter-Käse-Sauce 80
Penne mit Peperoni-Mango-Sauce 96
Penne mit Rindfleisch und Mais 192
Penne mit Speck und Maronen 184
Penne mit Speck-Tomaten-Sauce 69
Penne-Salat mit Pilzen und Rucola 34
Penne-Salat mit Salsa verde 22
Penne-Salat mit Schafskäse 20
Penne-Salat mit Zucchini und Sardellen 32
**Peperoni**
    Penne mit Peperoni-Mango-Sauce 96
    Spaghetti aglio e olio mit Peperoncini 62
**Pesto**
    Casarecce mit Spinat-Pesto 108
    Ravioli-Gratin in Tomatensauce 233
    Spaghetti mit Basilikum-Pesto 51
    Spaghetti mit Rucola-Pesto 92
    Spaghetti mit Tomaten-Pesto 44
    Tagliatelle mit Pesto und Garnelen 160
    Tagliatelle mit Pilzen und Rucola-Pesto 114
**Pilze**
    Eiernudeln mit Jakobsmuscheln 264
    Eiernudeln mit Kohl und Shiitake-Pilzen 270
    Eiernudeln mit Schweinefleisch 271
    Erbsen-Ravioli mit Morcheln und Spargel 210
    Farfalle mit Steinpilzsauce 118
    Farfalle-Salat mit Champignons 21
    Fusilli-Gratins mit Spinat und Pilzen 222
    Lasagne mit Sauerkraut und Pilzen 244
    Makkaroni mit Sauce bolognese 198
    Makkaroni-Auflauf mit Mortadella und Gemüse 220
    Nudelrisotto mit Salami und Steinpilzen 182
    Pappardelle mit Putenragout 162
    Penne mit Hähnchen und Spinat 164
    Penne-Salat mit Pilzen und Rucola 34
    Rahmnudel-Gratin mit Pilzen und Gemüse 232
    Reisnudeln mit Gemüse und Garnelen 260
    Reisnudelsalat mit Garnelen und Mango 253
    Spaghetti mit Pilzen und Minze 116
    Tagliatelle mit Bœuf bourguignon 194
    Tagliatelle mit Fleisch-Pilz-Ragout 196
    Tagliatelle mit Pilzen und Rucola-Pesto 114
**Pute**
    Pappardelle mit Putenragout 162
    Tagliatelle mit Putenleberragout 170

## R
**Radicchio**
    Fusilli-Salat mit Radicchio und Salami 24
    Orecchiette mit Maishähnchenbrust 168
    Spaghetti mit Radicchio 100
Rahmnudel-Gratin mit Pilzen und Gemüse 232
**Ravioli**
    Bärlauch-Ravioli mit Spinat und Frischkäse 202
    Erbsen-Ravioli mit Morcheln und Spargel 210
    Hummer-Ravioli mit Portwein-Orangen-Sauce 204
    Kalbsschwanz-Ravioli mit Salsa verde 208
    Ricotta-Ravioli mit Basilikum 206
    Rucola-Ravioli mit Chili und Pecorino 213
Reisnudeln mit Gemüse und Garnelen 260
Reisnudelsalat mit Garnelen und Koriander 252
Reisnudelsalat mit Hackfleisch 254
Reisnudelsalat mit Garnelen und Mango 253
**Ricotta**
    Cannelloni mit Spinat und Ricotta 225
    Cannelloni mit Zucchinifüllung 228
    Cannelloni-Auflauf mit Antipasti-Bolognese 230
    Lasagne im Schinkenmantel 238
    Makkaroni mit Spinat-Ricotta-Sauce 120
    Orecchiette mit Rucola und Ricotta 94
    Ricotta-Ravioli mit Basilikum 206
    Rucola-Ravioli mit Chili und Pecorino 213
    Spinat-Lasagne mit Tomatensauce 236
Rigatoni mit Bohnenkernen und Speck 70
Rigatoni mit Tomaten und Auberginen 95
**Rind**
    Bandnudeln mit Ochsenschwanzragout 171
    Eiernudeln mit Rindfleisch und Gemüse 274
    Penne mit Rindfleisch und Mais 192
Rotelle mit Hähnchen und Petersilie 166
Rotelle-Salat mit Avocado und Radieschen 29
**Rucola**
    Grüne Tortellini mit Vier-Käse-Sauce 64
    Lauwarmer Spaghetti-Salat mit Rucola und Basilikum 30
    Linguine mit Balsamico-Linsen 81
    Orecchiette mit Rucola und Ricotta 94
    Pappardelle mit Entenragout 174
    Penne-Salat mit Pilzen und Rucola 34
    Rucola-Ravioli mit Chili und Pecorino 213
    Spaghetti mit Rucola und Chili 54
    Tagliatelle mit Pilzen und Rucola-Pesto 114
    Vollkornspaghetti mit Räucherlachs und Rucola 138

## S
Safrannudeln mit grünem Gemüse 124
**Sahne**
    Bandnudeln mit Basilikumschaum 63
    Bavette mit Brokkoli-Sahne-Sauce 46
    Fettuccine mit Kürbis und Sellerie 101
    Pappardelle mit Gorgonzola und Birnen 58
    Spaghetti carbonara mit Parmesan 48
    Spaghetti mit Gorgonzolasauce 50
    Spaghetti mit Schafskäse 57
    Spaghetti-Salat mit Kräuter-Sahne-Sauce 16
    Strozzapreti mit Lachs-Sahne-Sauce 132
    Tortellini mit Schinken-Sahne-Sauce 66
**Sardellen**
    Nudelnester in Pergament 243
    Orecchiette mit Brokkoli und Chili 104
    Penne-Salat mit Zucchini und Sardellen 32
**Schafskäse**
    Conchiglie mit Paprika und Schafskäse 126
    Penne-Salat mit Schafskäse 20
    Spaghetti mit Schafskäse 57
**Schinken**
    Lasagne im Schinkenmantel 238
    Pappardelle mit gebratener Entenbrust 172
    Reisnudeln mit Gemüse und Garnelen 260
    Spaghetti mit Parmaschinken 178
    Tortellini mit Schinken-Sahne-Sauce 66
    Überbackene Schupfnudeln mit Weißkohl und Schinken 218
Schlutzkrapfen in Walnussbutter 214
Schupfnudeln, überbackene, mit Weißkohl und Schinken 218
Schwarze Bandnudeln mit Calamaretti und Lavendel 142
**Schweinefilet**
    Dim Sum mit Garnelen-Fleisch-Füllung 250
    Eiernudeln mit Schweinefleisch 271
Spaghetti aglio e olio mit Peperoncini 62
Spaghetti carbonara mit Parmesan 48

Spaghetti mit Avocado-Limetten-Sauce 86
Spaghetti mit Basilikum-Pesto 51
Spaghetti mit Brokkoli-Pistazien-Creme 87
Spaghetti mit frittiertem Basilikum 78
Spaghetti mit Garnelen und Tomaten 156
Spaghetti mit Gorgonzolasauce 50
Spaghetti mit grünem Spargel 88
Spaghetti mit Hackbällchen 193
Spaghetti mit Kabeljau und Petersilie 147
Spaghetti mit Kalbfleisch 188
Spaghetti mit Krabben und Zucchini 154
Spaghetti mit Lachs und Meerrettich 139
Spaghetti mit Paprikasauce 56
Spaghetti mit Parmaschinken 178
Spaghetti mit Pilzen und Minze 116
Spaghetti mit Radicchio 100
Spaghetti mit Rucola und Chili 54
Spaghetti mit Rucola-Pesto 92
Spaghetti mit Schafskäse 57
Spaghetti mit sizilianischem Gemüse 82
Spaghetti mit Thunfisch und Minze 146
Spaghetti mit Tomaten und Speck 180
Spaghetti mit Tomaten-Pesto 44
Spaghetti mit Tomatensauce 110
Spaghetti mit Zander und Zuckerschoten 263
Spaghetti mit Zitronen-Lamm-Ragout 176
Spaghetti mit Zucchini und Zitrone 122
Spaghetti vongole mit Chili
  und Anislikör 152
Spaghettinester mit Langostinosauce 150
Spaghettini mit getrockneten Tomaten 84
Spaghettini mit Walnüssen und Spargel 76
Spaghetti-Salat, lauwarmer, mit Rucola
  und Basilikum 30
Spaghetti-Salat mit Avocado
  und Garnelen 38
Spaghetti-Salat mit Kräuter-Sahne-Sauce 16
Spaghetti-Salat mit Thunfischsauce 36
Spaghetti-Salat mit würziger Vinaigrette 17
**Spargel**
  Conchiglioni mit Spargelfüllung 216
  Erbsen-Ravioli mit Morcheln
    und Spargel 210
  Nudelrisotto mit Salami
    und Steinpilzen 182
  Safrannudeln mit grünem Gemüse 124
  Spaghetti mit grünem Spargel 88
  Spaghettini mit Walnüssen und Spargel 76
  Tagliatelle mit Spargel und Tomaten 52
**Spinat**
  Bärlauch-Ravioli mit Spinat
    und Frischkäse 202
  Cannelloni mit Spinat und Ricotta 225
  Casarecce mit Spinat-Pesto 108

Fusilli-Gratins mit Spinat und Pilzen 222
Makkaroni mit Spinat-Ricotta-Sauce 120
Penne mit Hähnchen und Spinat 164
Penne mit Speck und Maronen 184
Spinat-Lasagne mit Tomatensauce 236
Strozzapreti mit Lachs-Sahne-Sauce 132

**T**
Tagliatelle mit Artischocken und Salbei 121
Tagliatelle mit Bœuf bourguignon 194
Tagliatelle mit Fleisch-Pilz-Ragout 196
Tagliatelle mit Gulaschsauce 190
Tagliatelle mit Pesto und Garnelen 160
Tagliatelle mit Pilzen und Rucola-Pesto 114
Tagliatelle mit Putenleberragout 170
Tagliatelle mit Spargel und Tomaten 52
Tagliatelle mit Speck und Kapern 68
Tagliatelle mit Zitronensauce 60
Tagliolini mit Zucchini und Tomaten 112
**Thunfisch**
  Farfalle mit Sesam-Thunfisch 140
  Farfalle-Salat mit Champignons 21
  Garganelli-Salat mit Brokkoli
    und Thunfisch 35
  Makkaroni mit Thunfischsauce 144
  Spaghetti mit Thunfisch und Minze 146
  Spaghetti-Salat mit Thunfischsauce 36
**Tintenfisch**
  Schwarze Bandnudeln mit Calamaretti
    und Lavendel 142
  Tortiglioni-Salat mit Tintenfisch
    und Paprika 40
**Tomaten**
  Cannelloni-Auflauf mit Antipasti-
    Bolognese 230
  Casarecce mit Spinat-Pesto 108
  Farfalle mit Parmesanschaum 98
  Fusilli mit Tomaten und Oliven 128
  Garganelli-Salat mit Brokkoli
    und Thunfisch 35
  Gemüse-Lasagne mit Tomaten
    und Paprika 242
  Lasagne mit Sauce bolognese 240
  Lauwarmer Spaghetti-Salat
    mit Rucola und Basilikum 30
  Nudelnester in Pergament 243
  Pappardelle mit gebratener Entenbrust 172
  Penne mit Peperoni-Mango-Sauce 96
  Penne mit Rindfleisch und Mais 192
  Penne mit Speck-Tomaten-Sauce 69
  Penne-Salat mit Pilzen und Rucola 34
  Penne-Salat mit Zucchini
    und Sardellen 32
  Ravioli-Gratin in Tomatensauce 233

Rigatoni mit Tomaten und Auberginen 95
Rotelle-Salat mit Avocado
  und Radieschen 29
Spaghetti mit Garnelen und Tomaten 156
Spaghetti mit Hackbällchen 193
Spaghetti mit Paprikasauce 56
Spaghetti mit Radicchio 100
Spaghetti mit sizilianischem Gemüse 82
Spaghetti mit Thunfisch und Minze 146
Spaghetti mit Tomaten und Speck 180
Spaghetti mit Tomaten-Pesto 44
Spaghetti mit Tomatensauce 110
Spaghettini mit getrockneten Tomaten 84
Spaghetti-Salat mit würziger
  Vinaigrette 17
Spinat-Lasagne mit Tomatensauce 236
Tagliatelle mit Spargel und Tomaten 52
Tagliolini mit Zucchini und Tomaten 112
Tortellini, grüne, mit Vier-Käse-Sauce 64
Tortellini mit Schinken-Sahne-Sauce 66
Tortellini-Auflauf mit Kürbis und Salbei 226
Tortiglioni-Salat mit Tintenfisch
  und Paprika 40

**U**
Überbackene Schupfnudeln mit Weißkohl
  und Schinken 218

**V**
Vollkornspaghetti mit Räucherlachs
  und Rucola 138

**Z**
**Zitrone**
  Spaghetti mit Zitronen-Lamm-Ragout 176
  Spaghetti mit Zucchini und Zitrone 122
  Tagliatelle mit Zitronensauce 60
**Zucchini**
  Cannelloni mit Zucchinifüllung 228
  Cannelloni-Auflauf mit Antipasti-
    Bolognese 230
  Lasagnetaschen mit Garnelen
    und Zucchini 246
  Makkaroni-Auflauf mit Zucchini
    und Gorgonzola 224
  Penne-Salat mit Zucchini
    und Sardellen 32
  Safrannudeln mit grünem Gemüse 124
  Schwarze Bandnudeln mit Calamaretti
    und Lavendel 142
  Spaghetti mit Krabben und Zucchini 154
  Spaghetti mit Zucchini und Zitrone 122
  Tagliatelle mit Artischocken und Salbei 121
  Tagliolini mit Zucchini und Tomaten 112

## Impressum

© Verlag Zabert Sandmann GmbH, München
1. Auflage 2008
ISBN 978-3-89883-215-1

Grafische Gestaltung: Georg Feigl
Rezepte: ZS-Team
Redaktion: Martin Kintrup, Kathrin Ullerich
Herstellung: Karin Mayer, Peter Karg-Cordes
Lithografie: Christine Rühmer
Druck & Bindung: Mohn media Mohndruck GmbH, Gütersloh

## Bildnachweis

Umschlagfotos: StockFood/S. Eising (Vorderseite oben, Rückseite links und rechts); Stockfood/FoodPhotogr. Eising (Vorderseite unten); Stockfood/Foodcollection (Rückseite Mitte)

W. Cimbal: 12 o., 13 o., 217, 243, 247; Stockfood/S. Baxter: 147; Stockfood/U. Bender: 47, 61, 127, 229, 245, 257, 261; Stockfood/M. Boyny: 73, 145; Stockfood/S. Braun: 146; Stockfood/Caggiano Photography: 28, 237; Stockfood/J. Cazals: 29, 42–43, 55, 69, 105, 115, 123, 129, 187, 261; Stockfood/J. Duncan: 273; Stockfood/P. Eising: 212; Stockfood/S. Eising: 2–3, 4–5, 7 (2. v. o. l.), 7 u. l., 7 M., 7 o. r., 10, 11, 14–15, 17, 19, 20, 23, 25, 37, 39, 41, 45, 50, 51, 57, 59, 65, 71, 74–75, 79, 80, 81, 83, 85, 86, 87, 89, 91, 94, 95, 97, 99, 101, 103, 107, 109, 111, 117, 119, 120, 124, 125, 130–131, 133, 135, 139, 141, 143, 151, 153, 157, 159, 163, 167, 169, 170, 173, 175, 177, 179, 183, 185, 189, 191, 195, 198, 199, 200–201, 203, 205, 211, 224, 225, 231, 239, 241, 252, 270, 271; Stockfood/S. & P. Eising: 6 r., 7 o. l., 21, 34, 56, 93, 121, 221, 242, 253; Stockfood/I. Eriksson: 68; Stockfood/ Foodcollection: 9 o. l., 9 (2. v. o. l.), 9 M., 9 r., 149, 171, 193, 209; Stockfood/FoodPhotogr. Eising: 12 u., 13 u., 31, 33, 49, 53, 57, 62, 63, 100, 106, 114, 137, 155, 161, 180, 181, 197, 215, 219, 232, 233, 235, 251, 259, 262, 263, 265, 269; Stockfood/I. Garlick: 248–249, 255, 275; Stockfood/M. Grant: 27; Stockfood/ U. Kohl: 139; Stockfood/S. Leishman: 9 u. l.; Stockfood/L. Lister: 113, 165, 227; Stockfood/ W. Pfisterer: 6 l., 7 (2. v. u. l.); Stockfood/A. Piewinski: 207; Stockfood/A. Richardson: 77; Stockfood/A. Ritter: 8 r.; Stockfood/Rob Fiocca Photography: 223; Stockfood/S. Stowell: 192; Stockfood/W. Usbeck: 8 l.; Stockfood/E. Watt: 35; Stockfood/ F. Wieder: 213; Stockfood/ R. Wyatt: 9 (2. v. u. l.)